花まる学習会式

4歳～9歳で生きる基礎力が決まる！

1人でできる子の育て方

花まる学習会 野外体験部 部長
箕浦健治 著
高濱正伸 監修

日本実業出版社

刊行に寄せて

花まる学習会代表　高濱正伸《たかはままさのぶ》

子どものすこやかな成長を願わぬ親はいません。ところが、現実の中学生を見ると、学校や勉強が嫌いな子が大勢います。ちょっと嫌なことを言われただけで会社を辞めてきてしまう大人が増えつづけています。どうしてこんなふうに育ってしまったのでしょう。

たとえいい大学を出たとしても、就職して自分で稼いで食べることができなければなんの意味もありません。引きこもり、助けてくれる仲間も愛してくれる人もいない、そばにいるのは2次元のアイドルだけというのでは困ってしまいます。

いつか親は先にいなくなるのですから、いつまでも親の庇護《ひご》のもと、生きるわけにはいかないのです。**「親がいなくなっても立派に生きていける」ように子どもの「生きる力」を育まなければなりません。**

私は、このような問題意識から、「生きる力」を育み、「メシが食える大人＝自立・自活できる人」、「モテる大人＝魅力的な人」を育てることを最終目標にした塾、花まる学習会を1993年に立ちあげました。

教育の現場で、幼児から大学生まで数多くの子どもを見てきましたが、**生きる力を育むうえで最良の時期は「4歳から9歳」の幼児期**だと感じています。

それというのも、オタマジャクシとカエルは同じ生き物なのに、生きる場所も特性もまったく異なるのと同じように、9歳までと10歳以降では（個人差もありますが）、大きな違いがあるからです。

たとえば、日本には**「つのつくうちは神の子」**という言葉があります。「ひとつ、ふたつ、みっつ……やっつ、ここのつ」です。「つ」のつくうちの子は「忘れやすい」という特性があります。だから、**親が「しまったな」と思う叱《しか》り方をしても、「忘れて」くれます**。つまり「許してくれる」のです。

けれど、10歳以降、親が「しまったな」と思う叱り方をしたとき、口答えをしたり、そこから親子ケンカに発展すればまだよいのですが、関係性がうまく築けていない場合、何も言わず恨みに思う子も出てきてしまいます。それがのちのち、家庭内暴力に発展することも少なくありません。

1人の人間として「人となり」ができあがる前に、うまくいかないことがあってもへこたれない、人のせいにしない、逆境こそ楽しむなど「生きる力」を育むためには、9歳までの時期にいかに鍛えるかが勝負です。

花まる学習会の「生きる力」の育み方

「生きる力」を育むうえでは、宿泊を伴い、海や山などの自然と触れてさまざまな体験を蓄積する「野外体験」こそ、最も子どもたちを成長させると私は考えています。それが「親元を離れた場」かつ「異なる学年の子どものグループ」であると、さらに効果的です。そのため、花まる学習会ではほかの学習塾に先んじて、早くから「野外体験」を授業の柱の1つにしてきました。花まる学習会の野外体験は保護者からの人気も高く、この12年間で延べ5万人以上が参加しています。

しかし「野外体験」事業は安全上のリスクが大きく、花まる学習会ほど本気で取り組んでいる企業はありません。

行政でさえ、「ジャングルジムから落ちた子がいます。怪我につながるので撤去してください」という住民の要望に、「わかりました」と首を縦に振ってしまう時代です。

しかし、考えてみてください。「ジャングルジム」は本当に撤去が必要なほど、危ない遊具でしょうか。ジャングルジムほど子どもが立体感を全身で楽しめ、空間認識力を育み、足腰を鍛える遊具はないでしょう。実際、子どもが「ジャングルジムをなくしてほしい」と言ったのではありません。「親」や「管理する大人」が言っているのです。つまり、**親である私たち大人が、子どもから「意味のあることを学ぶ機会」を奪ってしまっている**のです。大人の都合だけで決めていることなのです。

花まる学習会では、「すり傷や切り傷、骨折までは許してください」と言いながら、それでもお父さまお母さまの宝であるお子さまを「もとの状態でお家に戻すこと」を第一に、野外体験を行なってきました。花まる学習会は、「撤去する＝やらない」というリスク管理ではなく、大人が安全と危険の境目をぎりぎりのところまで確認し、**「自分の力でやり遂げたんだ」と子どもが思える経験の場を提供**してきました。その経験が、**「親がいなくなっても立派に生きていける」生きる力を育む**からです。

この野外体験部門を、強い信念と覚悟をもって弊社で10年以上担ってきたのが、今回、本書を執筆した箕浦健治《みのうらけんじ》です。

箕浦健治という人間を紹介するうえで、身内の自慢をするようで恐縮ですが、お話ししたいエピソードがあります。それは2016年3月に行なわれた野外体験企画「雪国スクール」でのことでした。

このときは、花まる学習会で雪国スクールが始まって以来の、ちょっとした危機を迎えていました。雪国スクールの開催地である越後湯沢に、雪がなかったのです。越後湯沢やその近隣で、1000人を超える規模の花まる学習会を受け入れられるスキー場はすべて閉鎖となってしまっていました。

ある種の逆境ですが、ここで箕浦率いる若いメンバーが力を発揮してくれました。

彼らは「山の配置やその年の微妙な風向きなどによって、必ず雪がまとまって残っているところはある」という信念のもと、地元の方の助けもあって、奇跡的に雪が残っている地帯を見つけだしたのです。その結果、例年喜ばれている「雪遊び」の時間をなくさずに済み、子どもたちは雪でたっぷりと遊ぶことができました。

スキー場についても、「バスで移動ができる範囲内で必ず見つける！」という考えで、前もって現地に足を運んで調査し、六日町スキーリゾートという雄大な眺めの素敵なスキー場を探しだしました。

ピンチのときには結束力も固まるもので、若い社員たちの動きは溌剌《はつらつ》としていて、各宿のリーダーたち20人強が集まる夜のミーティングは熱気に満ちたオーラを放ち、ちょっとした見ものでした。みんなすごくいろんなことを感じているし考えているし、目と言葉に力がありました。トラブルやミスのあったメンバーには、温もりを手渡すようにみんなが気持ちを寄せてフォローしていました。その中心にいて、彼らを統率しきったのが、野外体験部部長の箕浦健治でした。

天候相手の難しい判断も的確に下し、現場で数百人いる子どもたちをひと言で惹きつけ、笑わせ、安全上の指示を浸透させている姿、スタッフから信頼され率いている姿を見て、「あ、もうバトンは渡ったな」と感じました。野外体験は名実ともに野外ネーム（花まるの野外体験では、子どもたちが呼びやすいように、リーダーにあだ名がついています）「ファイヤー」こと箕浦健治が大黒柱です。

その彼が、野外体験を通し、日々の教室での子どもたちや保護者の方との関わりを通じて、感じ、考えたこと、**「親がいなくなっても子どもたちが立派に生きていくために、いま、何ができるか」**を熱くお伝えするのが本書です。

この本を手にとってくださった皆さまの、子育ての一助となれば幸いです。

2016年5月

花まる学習会式　1人でできる子の育て方◎目次

第2章

4～9歳で、人生を生きる基礎力が決まる！

第3章 家庭でできる！ 子どもの「学力」と「知性」の伸ばし方

第4章
こんなときどうする? 花まる学習会式 子どもの困った! 解決法

カバーデザイン　吉村朋子
本文デザイン・DTP　一企画
イラスト　遠山金次（フリーハンド）
編集協力　松田な奈／岩川真弓／勝谷里美（花まる学習会）
川崎純子

序章

よくも悪くも、
言葉は相手に「届くもの」
そして「残るもの」

01 「おにいさん、はんせいのいろって、なにいろなの？」

著者の箕浦健治です。私は18歳のときから、学習塾、学校などで幼児や小学校低学年の指導に関わってきました。幼児教育のアルバイトを始めた最初のころに体験し、私が幼児教育を一生の仕事にしようと決めた、忘れられない出来事があります。

もう20年以上前のことです。

私は、幼稚園児を対象に遊びを提供する会社でアルバイトをしていました。そこで出会ったA君は「やんちゃ」という形容詞がぴったりな子で、わんぱくというプラスの面と、思いどおりにならないことがあるとすぐに手が出てしまうというマイナスな面をもっていました。

大人というのは不思議なもので、人の「マイナス」ばかりが目についてしまいます。いいところもあるはずなのに、自分の価値観をもとにして、瞬間的に「それは違う」

と叱責してしまう。私も例外ではなく、A君に対して「それは違う。人に優しく、思いやりをもって」と、いま思えば紋切り型の指導を繰り返していました。

そしてA君ともお別れのときがやってきました。一生懸命A君に向きあった私は達成感に満ちていました。お別れ会の会場に入ってくる子どもたち、どうしてもいちばん前に並びたいA君。でもA君の前には、かわいい女の子が並んでいました。それが嫌だったA君は「代わって」とも、「どいて」とも言わず、突然女の子を突き飛ばしたのです。瞬間的に私はA君の肩をつかみ、こう言いました。

「なぜ、そんなことをするんだ！　何度言ってもわからないのか？　君には反省の色がないのか!!」と。

すると、A君は下を向き、黙っています。「お、これは、やっと私の言葉が届いたかな」と思いました。そんな私にA君はひと言。

「おにいさん、はんせいのいろって、なにいろなの？」と言いました。それは不思議そうに、あどけない顔をして……。

この瞬間、「雷に打たれたような感覚」が私を襲いました。「子どもは大人とは違う生き物で、まっさらで純粋で、価値観の『押しつけ』だけの教育は通用しない」。そう気づかされた瞬間でした。

こうして、「人に優しく、思いやりをもって」と思いながら行なったA君への指導は、不完全燃焼に終わりました。なぜだろうかと考え、考え抜いた末に、それは私が「からっぽ」だったからだと思い至りました。「なぜ、人に優しくしないといけないのか」。「なぜ思いやりが必要なのか」を深く考えたことはなく、自身が親や学校の先生から言われてきたフレーズをただ言っているだけの指導だったのです。

この「なぜ」に対する答えは、人の数だけあると思います。たとえば人に優しくするのは、自分も優しくされたらうれしいから。思いやりがある子は人に愛されるから、などです。その「なぜ」「どうして」が、あのときの私の中に「基準」としてあれば、A君へのアプローチはもっと違うものになったでしょう。

彼は意地悪な子だったのでしょうか。いいえ、優しい子でした。誰よりも先に顔を見て、私に「ありがとう」を言う面もある優しい子だったから、いちばん前に並びたかったのです。その優しさからくる行動が、暴力に見えてしまうものだっただけです。

もしあのとき、私が「いちばんにお礼を言いたいと思ってくれた優しさがうれしいよ。でも、お友だちをドンと押すのはいけないことだよ。代わってほしいって優しく言ったら、きっとわかってくれるよ」とA君に言えていたら、彼は「優しさとは何か」、「思いやりがあるとはどういうことか」を学ぶことができたように思います。

一見、いいことに思える内容であったとしても、ただこうしろ、ああしろと**「価値観を押しつけるだけの教育」は通用しない。**

A君から教えてもらったことを軸にして、私の花まる学習会での教育の日々が始まりました。

私は花まる学習会の野外体験部門を担当し、責任者になってからの12年間で、延べ5万人の子どもとそのお父さん、お母さんに関わってきました。

そこで見えてきた「いまの子どもたちの問題」「ご両親が抱えている子育ての悩み」「どんな大人に育ってほしいか」そしてそのために「いま、何をしたらよいか」について、私なりの考えを皆さまにお伝えしたいと思います。

02

「背番号1」男の子が培った人を思いやる心、たくましい心

日々の教室でも、野外体験でも、私が子どもたちに伝えつづけているのは以下のことです。

- **相手の気持ちを考える**
- **結果ではなく、挑戦しつづけることが大事**
- **人のせいにしない、自分にベクトル（意識・考える方向性）を向ける**
- **よくも悪くも、言葉は相手に「届くもの」そして「残るもの」**

小学1年生のときからずっと私の教室に通い、私がこの４つのことを6年間伝えつづけた男の子・B君が卒業を迎えました。花まる学習会を卒業する日に、お母さんから聞かせていただいたお話があります。

卒業を迎えたB君は、小学3年生から野球を習っていました。彼は野球が大好きで、目標は「エースピッチャー」になること。ライバルには、監督の息子であるC君がいました。実力の差はあまりなく、環境的にC君のほうが有利でした。B君もそれをわかっていたのか、来る日も来る日も泥だらけになって練習しました。野球のために中学受験をあきらめたくらい、熱心に頑張っていたのです。

そして5年生になってはじめての大会を控えたある日、努力が実ってB君はエースピッチャーに選ばれました。ずっと「10」だった彼の背番号は、夢にまで見たエース番号「1」になったのです。

しかし、事件は大会当日に起こりました。練習を済ませて大会用のユニフォームに着替えたB君は、控え室の大きな鏡を見て愕然としました。背番号が逆さに縫いつけられていたのです。裁縫があまり得意ではないお母さんが夜な夜なユニフォームの背番号と戦っていたことは、B君も知っていました。

さて、B君はこのあとどうしたでしょう？「お母さん、間違えてるよ！」と母に怒りをぶつけたでしょうか？　それとも、「こんな背番号じゃ恥ずかしい」と試合に出場しなかったでしょうか？

いいえ、B君はそのユニフォームを着て、試合に出場しました。しかも、3塁側で応援する母から背中が見えないように、本当は右打ちなのに、3打席すべて左打席で打ったのです。右打席に入ると母に背中が見えてしまうからです。

結果は3三振。試合自体はB君の好投もあって1対0で勝利しましたが、試合後の反省会で、彼が左打席で打ったことに対し、チーム内から、特に監督の息子でライバルであるC君から批判が出ました。彼が右打ちということはチーム全員が知っていたので、納得のいく説明をしなければエースピッチャーとして失格になる雰囲気でした。

……彼は理由を説明せず、エースピッチャーを辞退することを選びました。そして誰にも逆さまになった背番号を悟られないで、ユニフォームを脱いだのです。

「どうしてそんなことをしたの?」と思うでしょうか。右打席に入ればよかったのに、「お母さんが背番号を縫い間違えて恥ずかしかったから」と言えばよかったのに、と思いますか?

私はお母さんからこの話を聞いたとき、「B君は、出会ってからずっと、私が伝えつづけていたことを受け止めてくれていたんだなあ」とうれしくなりました。裁縫が苦手なお母さんが頑張って縫いつけてくれたことを思いやって、背番号が逆についていたことを、誰にも悟らせなかったB君。仲間のことを思って言い訳一つせず、エースピッチャーを辞退したB君。きっと誰よりも、ライバルであるC君のくやしさをわかっていたのもB君だったのでしょう。教室では控えめで目立つタイプではないB君は「人を思いやる心」と「たくましい心」をもった男の子に成長していました。

エースピッチャーを辞退したあとも、彼は黙々と練習を続けました。エースを降ろされたことでくさるのではなく、左打席で結果を出せなかった自分の力を向上させるために。

そして次の大会前……B君が受けとった背番号は「1」。エース番号だけでなく、その背番号の上には、チームキャプテンの印も置かれていました。

それから彼は一度もエース番号を譲ることなく、卒業まで結果を出しつづけました。高校生になった彼は、いまも背番号「1」をつけ、甲子園を目指しています。

広く雄大な海に向かってジャンプ

野外体験では、自ら率先して汚れてみせることも

第1章

「親がいなくなっても立派に生きていける」子どもとは？

01

お子さんに、どんな大人になってほしいですか？

ここ数年、インターネットを見ても、いろんな雑誌を見ても、「子どもにどんな大人になってほしいですか？」というアンケートの1位は、**「思いやりのある子」**です。「私もそう思う」と頷くお父さん、お母さんも多いのではないでしょうか。

たとえばいま、「大好きな友だち・憧れの先輩・信頼している上司は誰ですか？」と聞かれたら、頭に誰が浮かびますか？　その人たちの共通点は？　言葉にしてみると、「思いやりにあふれている人」、「優しい人」になるのではないでしょうか。つまり**「思いやりのある人」は、「人に好かれ、憧れの的になり、信頼される人」と言い換えられる**ということです。

先述した「背番号1」のB君もまさにそういう男の子。私が彼と同い年だったら「友だち」になりたいと思うでしょうし、B君の話を聞いた高校1年生の私の娘は「結婚するならこういう人だよね」と言っていました。そう言われて私も「確かに、娘の旦那さんになる人はB君みたいな男だったらいいな」と想像してしまいました。

- **優しく**
- **思いやりがあり**
- **くじけない**
- **自分の目指す結果が出るまで（目標に向かって）やり抜くたくましさがある**

企業にお勤めのお父さんは、こういう青年を採用したいと思いませんか。

お母さんも、私の娘と同じように、「結婚するならこういう人がいいわ」と思ったのではないでしょうか。

成績がよいからいいわけではなく、ただ優しいからいいわけでもない。**「思いやり」と「たくましさ」、その両方を備える人に、人は誰でも「魅力」を感じる**のではないでしょうか。

Point

「思いやりの心」と「たくましい心」両方の心をもつ子どもを育てよう！

02

なぜ、思いやりの心が大切なのか？

「思いやりの心」とは、つまり「他者性」のことです。「他者性」とは相手がどう思っていて、何を言いたいのか、私にどうしてほしいと思っているのか、私にできることはないか。それを「考える」ということです。

たとえば、旅行に行って旅館に宿泊したとします。茶器が整えられ、ベッドの上には折り鶴。素敵な、気持ちのいい部屋です。心も体も安らぎます。それは誰がやってくれたのでしょう。間違いなく私ではない「誰か」です。

もちろん、旅行者である私は、料金を払って宿泊しています。その対価として得られた正当なサービスです。けれどそこには、「誰か」の想いがあります。安らげるように、幸せを感じてもらえるようにと、誰かが「私のことを想って一生懸命にやってくれた」こと。それに気づくと感謝も生まれますし、「お金を払っているから、何をやってもいいや」ではなく、そこに勤める方の「ホーム」である旅館を大切に使うでしょう。**人は自分がされてうれしいことをする生き物**です。次に自分がもてなす側になったときも、相手の幸せを考えてきっと同じようにすることでしょう。

思いやりの心は、社会で働くときにも発揮されます。働くということは相手がいることです。お客さま（相手）は何を望んでいるのか、何に困っているのか、どうしたら幸せを感じてくれるのかを、思いやりがある人は深く「考え」ます。もし、お客さまの気持ちに応える商品がなければ、「新しくつくる」という発想も生まれるでしょう。その新商品は1人のお客さまだけでなく、世界中を幸せにするかもしれません。

私たちは、食べるために働かなくてはなりません。「誰かのために」、「人の役に立ちたい」と思って働き、お金を稼ぐことができたら、こんな幸せなことはありません。

Point

相手の気持ちを考える「思いやりの心」が、幸せに生きることにつながる

03 なぜ、たくましい心が大切なのか？

私たちは生きるために、食べなくてはなりません。食べるためにはお金を稼がなくてはなりません。そしてお金を稼ぐためには働かなければならないのです。けれど、現実には働けない大人が大勢います。

内閣府の「子ども・若者白書」によると、15～34歳の若年無業者（ニート）は、平成25年統計で60万人、平成26年統計で56万人。数字だけ見ると減っていますが、15歳から34歳の人口が少子化のあおりを受けて年々減っており、割合としては横ばいです。平成26年度では、15～34歳の2・1％が若年無業者（ニート）です。身近なところでいうと、友人・知人や親戚をたどれば、「働いていないおにいさん」「働いていないおねえさん」が1人は頭に浮かんでしまう方も多いのではないでしょうか。そういう時代になってしまったということです。

15〜34歳人口に占める若年無業者の割合

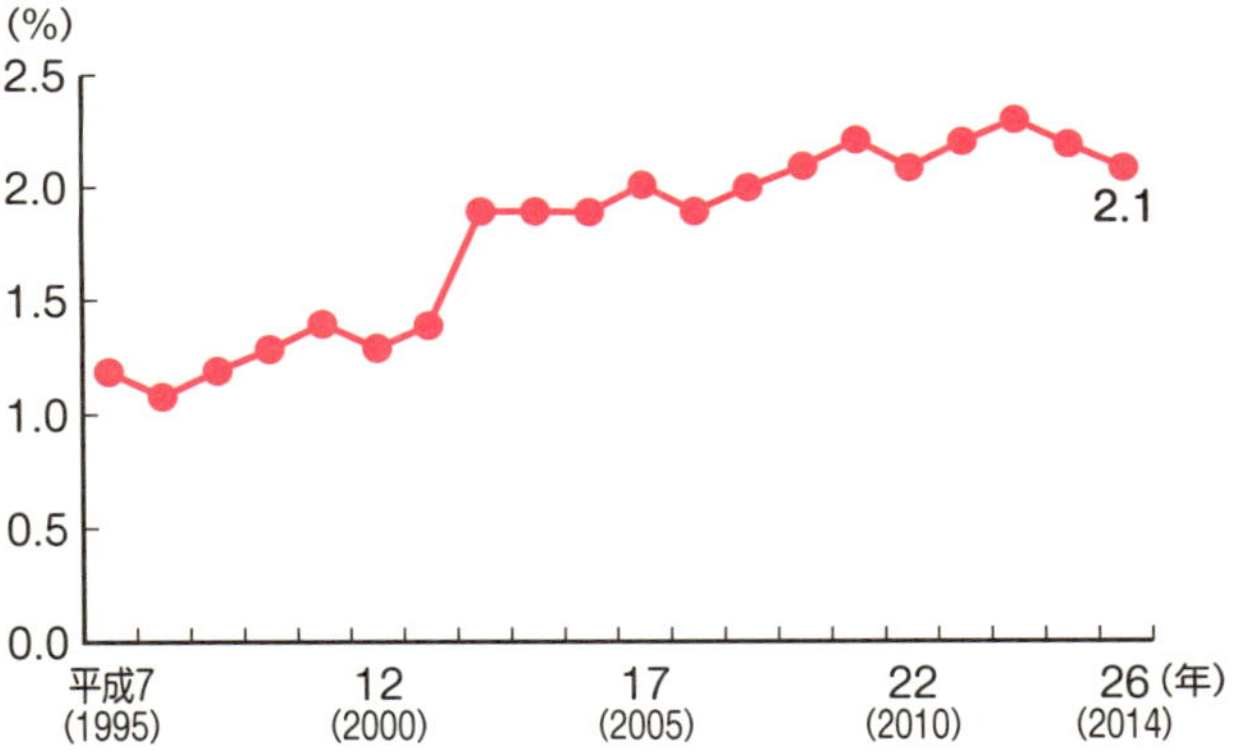

出典『平成27年度版　子ども・若者白書』（内閣府）

なぜそうなってしまったのでしょうか。のちほど詳しく説明しますが、端的に言えば、何か問題が起こったときに、負けずに立ち向かうのではなく、あきらめてしまう。**「苦難や試練をはねのけることができない」、いわゆる生きる力の弱い子が増えている**からです。それは、数字を見ても明らかです。そして、皆さんの実感としても「うちの子、弱いな」と思ったことが一度はあるのではないでしょうか。

「嫌だ」と言えない。「やめて」と言えない。ちょっと強く言われただけで、怯《ひる》んでしまう。心が折れてしまう。「自分はダメだ」と引きこもってしまう。でも、それでは将来、自立して食べていくことはできません。**逆境に立ったときこそ、「よっしゃ〜、やってやるぞ!」と立ち向かう「たくましい心」が必要**なのです。

Point

苦難や試練をはねのけて生きることを可能にするのが「たくましい心」

04 最もつらい「思いやりのない言葉」とは？

「子どものころ、家族から言われていちばんつらかった言葉はなんですか？」また、「大人になったいま、家族から言われていちばんつらい言葉はなんですか？」

そう聞かれたとします。私なりに答えると、お母さんであれば、家族の健康のことを考えて一生懸命つくったご飯に対し「まずい」とか、「今日、これだけ？」とか、「私は、違うものを食べる」とか、究極は「いらない！」と言われることでしょうか。

お父さんであれば、家族が不自由しないで生活できるように一生懸命働いているのに対し「また仕事？」とか、「いつも遅いよね」とか、究極は、「もっと稼いできてよ」と言われることではないでしょうか。

言われて**「つらい」「心に深く刺さる」「傷つく」言葉とは、「思いやりのない言葉」**です。一生懸命やっていることに対し、「一方的な価値観」やそのときの「感情」で相手がどう感じるかなど考える余地もなく発せられた言葉です。

私は教室でも野外体験でも、子どもたちにもスタッフにも**「よくも悪くも、言葉は相手に『届くもの』そして『残るもの』」**と伝えています。私たちは1人で生きているわけではありません。必ず相手がいます。そして発した言葉は、否《いや》が応《おう》でも相手に「届き」、「残る」のです。言葉がそういう性質をもつ以上、相手にどう届いてしまうのか、どう残ってしまうのかということを考えなくてはいけません。

「言葉に責任をもて」という言葉は、言葉が自分だけでなく、多くの人に「影響」を与えてしまう、大きな力があることを示しています。

私たち大人はよく、「自分がされて嫌なことはしないよ。自分が言われて嫌なことは言わないよ」と子どもに言い聞かせます。さて、忙しい日常の中で、私たち大人は「言葉」に責任をもち、子どもに対峙《たいじ》できているでしょうか。

Point

相手がどう感じるかを「考える」。それが思いやりの「最初の一歩」

05 つい、やってしまっていませんか？

ある日曜日のことです。その日、お母さんはお昼ご飯のあとに出かけていきました。家には、お父さんと娘。お母さんは夕方まで帰ってきません。父と娘は2人で遊んでいましたが、しばらくして娘がこう言いました。

「お父さん、お腹すいたぁ」

お父さんはその言葉に、「言われてみたら小腹がすいた。もうおやつの時間だな」とジャガイモと塩と油を用意して、自分が幼いころ、父親にしてもらったのと同じようにフライドポテトをつくり始めました。娘も大喜びです。

ふと見ると、キッチンが汚れています。大慌てで出ていったお母さんは、お昼ご飯の食器もシンクに入れただけで、洗うところまで手が回っていなかったのです。「油も片づけたいし、よーし！ 2人で片づけるか！ お母さんも喜ぶぞ」と、2人は張り切って片づけを始めました。お父さんは油の片づけ、娘は食器洗い担当です。

夕方、お母さんが帰ってきました。さて、どうなったでしょう。


【ケース1】


「えっ？　油使ったの？　危ないじゃない」

「しかも1回使っただけで、捨てちゃったの？　もったいない！」

「こんなに食器用の洗剤が減ってる！　安く買ったのにこれじゃ意味ないじゃない」

「だからあなた（父）に、留守番を頼むのは嫌なのよ」

「あなた（娘）に、お手伝いをさせるといつもこう！」


【ケース2】


「えっ？　油使ったの？　よくできたね。ありがとう。次は私も食べたいな」

「食器も洗ってくれてありがとう！　洗剤はこのくらいで十分。次もよろしくね」

どちらがお父さんと娘が喜ぶと思いますか？　そして、どちらであれば、次も2人で片づけをしようと思うでしょうか？　もちろん、**【ケース2】**のパターンですよね。

そうわかっていても、「つい目先のことにとらわれて、まず文句を言ってしまう」ということが癖になってはいないでしょうか？

たとえやってもらったことが望んだものでなくても、自分の気持ちを優先させるのではなく、自分のことを思いやってくれた「相手の気持ち」を大切にすることが、「相手を思いやる」ということです。

「何かをしてくれた人」には、まず「感謝」を。そうすることで、その心に応えようと、相手にもまた「思いやりの心」が生まれます。

そうやって「思いやりの心」は連鎖していくのです。

Point

「思いやりの心」は連鎖する
「何かをしてくれた人」には、まず「感謝」

06

「思いやりの心」の育て方

ここまで、「思いやりの心」に欠けた言葉や態度についてお話ししてきましたが、では、どうすれば「思いやりの心」は育つのでしょう？

方法の1つは、いままでお話ししてきたように「相手の気持ちを考えること」です。そしてもう1つは、私たち**親の「意識改革」**です。

家族ですから、その関係には安らぎがありますが、それと同じくらい「甘え」もあります。「甘えられる」というのは、「許してもらえる」ということです。もっとわかりやすくいうと、**家族とは、「どこまでも、自分が甘えられる存在」＝「どんな自分でも許してくれる存在」＝「最後には愛してくれる存在」**ということです。

これは子どもを例にとってみるとよくわかります。ほしいものがあってダメと言われたとき、ショッピングセンターのような公共の場でも、ひっくり返って、「お母さんのバカ！　大嫌いだ！」と泣いている子がいます。子どもは本能的に、お母さんは「ぼくのわがままは許さない」けれど、「ぼくのことは許してくれる」ということを知っているのです。だから、自分にできる最大限の抵抗と「大っ嫌い」という言葉をぶつけます。「本当に嫌われてしまう」と思っていたら言えません。子どもは、**どんな自分でも、許してもらえること、愛してもらえることを知っています。**

さて、子どもと同じように、私たち親も、子どもや家族に甘えています。「どんな自分でも」、許してもらえる、愛してもらえると思っています。だからつい、「相手がどう感じるか」を考えず、「一方的な価値観」やそのときの「感情」で言葉を発してしまいます。

たとえば、こんなことはないでしょうか？

（子）「名札がない」

（親）「ちゃんと探したの！」

ここで大切なのは、子どもがそう言ってくるまでの**「親から見えていない姿を想像**

する」ことです。

「この子は、名札がないことに気づいたとき、『どうしよう』と悲しい気持ちになったかもしれない。1人で探したかもしれない。それでも見つからなくて、なくしたことを言ったら怒られるかもしれないと思いながらも『勇気』を振りしぼって言ってきたのかもしれない」。そう相手のことを思いやったら、「怒り」は「慈しみ」に変わるでしょう。それを踏まえて、こう言ってあげられたらどうでしょう?

(子)「名札がない」

(親)「なくしてしまったんだね。いままで1人で探していたのかな。えらかったね。お母さんも一緒に探してあげる。物は大事にしてほしいから、見つかったら今度はなくさないように、置く場所を決めておこうね。ちゃんと言えてえらかったね」

そうすれば、子どもは「受け止めてもらえた」と安心します。そして、「なくし物をしたとき、一生懸命探すのはいいこと」。「そもそも『物は大切にする』もの。だからなくさないように置く場所を決めて大事にしよう」。「困ったときは、隠さずに言っていいんだ。相談するといいんだ」など、たくさんのことを学びます。

そして、妹や弟、友だちに同じようなことが起こったら、「お母さんみたいにしてあげよう」と思うのです。「親の背中を見て子は育つ」。思いやりの心をいちばん深く教えてあげられるのは、いちばん深くわが子のことを想うご両親なのです。

とはいえ、親だって人間です。毎日忙しく、イライラもしますし、間違ってしまうことだってあります。甘えられる存在だからこそ、子どもが傷つくようなことを「つい、やってしまう」のです。やらないでいられるほうが難しいくらいです。

だからこそ、十分に「意識」していないとできませんし、もし**「つい、やってしまったら」、素直に謝りましょう**。「ごめんなさい。言いすぎてしまった。○○も一生懸命やったんだよね。気づいてあげられなくてごめんね」と。

特に、9歳までの幼児期は**「忘れやすい」「恨みをもたない」**という特性があります。ぜひ**9歳までに、親子でたくさん「やってしまった」という経験をしてください**。その分、**互いに、より深く、思いやりの心を育める**ことになります。

ここで、お父さんに1つお願いがあります。それは、**お母さんの話を聞いてあげて**

ほしいということです。

お母さんは、わが子の寝顔を見ながら「今日もたくさん怒っちゃってごめんね」と謝っています。「明日は怒らないようにしよう」と決意します。でもまた怒ってしまう。わかっているのにできない苦しさを抱えています。そのお母さんを思いやって「うん、うん」と何も言わずに話を聞いてあげてください。

そして「いつもありがとう」と言葉にして伝えてあげてください。それがお母さんの心を癒し、支えになります。

Point

「ごめんなさい」「ありがとう」は、相手を思いやる言葉

07 「弱い子」とはどんな子？

「弱い子」とはどんな子でしょう。「嫌だ」と言えない。「やめて」と言えない。ちょっと強く言われただけで、怯《ひる》んでしまう。心が折れてしまう。「自分はダメだ」と引きこもってしまう。と、先述しました。しかし、ここで一度立ち止まって考えてみましょう。**「本当にそれは弱い子ですか？」**と。

「嫌だ」と言えないのは、「やめて」と言えないのは、なぜでしょう。ちょっと強く言われただけで、怯んでしまう、折れてしまう、「自分はダメだ」と引きこもってしまうのは、なぜでしょう。

私は、こう思ってきました。

それは、**「（相手に向かって）言っていいんだよ」と教えてもらっていないから。「いまの君のままでいいんだよ」と言ってもらえていないから**、だと。

私は、世間一般に言われる「弱い子」とは、言い換えれば「優しい子」だと思っています。その子たちは、「嫌だ」「やめて」と言ったら、相手を嫌な気持ちにさせるんじゃないか、傷つけるんじゃないか、自分も傷つくんじゃないか、そう思っています。怯んでしまう、折れてしまう、引きこもってしまう子は、「自分につらくあたる人は、自分のせいで腹を立てたり、嫌な気持ちになっているんだ。自分は人の『迷惑』になっている。人をがっかりさせてしまう自分は見たくない」と、思っているのです。

だからお父さん、お母さんは、子どもにこう言ってあげてください。「嫌だ」「やめて」と言えない子には、

「『嫌だ』と思ったらその子に言っていいんだよ。それは相手を傷つけることじゃない。むしろ、**黙っているほうが、相手を傷つけることにつながる**んだよ。○○が嫌だと思ったってことは、ほかの子も嫌だって思うかもしれないでしょ。それでその子は嫌われちゃうかもしれないでしょ。でも、いま、それを○○がその子に言ってあげたら、ほかの子にしなくなるかもしれない。そうしたら、嫌な気持ちになる人はいないし、その子も嫌われないよ。**『相手を思って言ってあげること』は、勇気のあるいい**

ことなんだよ。ただね、その子も、急に大きな声で『嫌だ』『やめて』って言われたらびっくりしちゃうでしょ。自分は『遊んでるだけ』と思っていて、悪気がなかったらなおさらね。だから、**『怒って』言うんじゃなくて、『優しく』伝えてあげてごらん。**そうしたらきっと、怖くないよ」

そして、ちょっと強く言われると、怯んでしまう、折れてしまう、引きこもってしまう子には、こう言ってあげてください。

「〇〇は、うまくいかないことがあっても、やっているときは誰よりも『一生懸命』だよね。結果よりも、『一生懸命頑張る』〇〇がかっこいいなって思うし、素敵なことだと思うよ。そうやって挑戦しつづけていたら、どんどんうまくなって、できるようになって、いつか誰かの力になれると思うんだ。**『結果がダメ』は、イコール『自分がダメ』っていうことじゃない。**いま、頑張りつづけること、挑戦しつづけることが大事。だから**〇〇は、いまのままの〇〇でいい**んだよ」

子どもにそう伝えることのよい作用は、2つあります。1つ目は、**大好きなお父さ**

んお母さんが「いいこと」だと示してくれることは「正しい」と子どもが思うということです。それは今後、物事を考えるうえで、その子の大切な**基準**になります。

そしてもう1つは、大好きなお父さんお母さん、特にお母さんが言ったということです。「君は君のままでいいんだよ」とお母さんに言われると、子どもは、大好きなお母さんの言うことだから間違いない。**「ぼくはぼくでいいんだ！」「わたしはわたしでいいんだ！」と自信がもてる**のです。

Point
もともと「弱い子」はいない

もともと人間は、生きるために生まれてきました。いつかは死にますが、「死ぬこと」を目標にして生きる人はいません。「よりよく生きること」を目標にして生きています。その生に対して貪欲な人間が「生まれながら」弱いはずがありません。力がないはずがないのです。環境や教育によって、弱くなってしまうだけなのです。

「種は芽が出る、芽は伸びる、そういうふうにできている」。花まる学習会では人の成長をこのように考えています。

08 なぜ、「弱い」と言われる子が増えているのか？

「うちの子、弱いな」と感じたのはどんなときか、ご両親の声を集めたところ、次のような回答が多く寄せられました。皆さんのお子さんは当てはまりますか？

□すぐ泣く
□すぐやめてしまう
□やられたらやられっぱなし
□「いやだ」「やめて」が言えない。言い返せない
□友だちの輪に入れない、声をかけられない
□新しいことをしたがらない、挑戦できない
□ケンカができない
□「これください」が言えない

□親から離れられない

花まる学習会の野外体験には、「サムライ合戦」というプログラムがあります。簡単に説明すると「チャンバラ」ですが、企画している私も、参加する子どもも「チャンバラ」だとは思っていません。「誇りと誇り」がぶつかりあう「真剣」勝負、本気の戦いです。

こんなことがありました。年中〜小学生までの異なる学年の子どもが混ざって、合戦を行なったときのことです。合戦開始から3分で、年中さんの男の子が泣きながら合戦場の外に出てきて、私のそばでうつむいていました。見ていたからわかるのですが、開始早々「小さな年中さんの男の子」は、敵方に狙われ、集中攻撃を受けました。仲間も助けてくれましたが、多勢《たぜい》に無勢《ぶぜい》。あっという間にやられ、外に追いやられてしまったのです。

彼はそのあとずっと、私のそばで泣きつづけていました。

私は「仲間がまだ戦っているよ。このままただ泣いているのか、仲間のところに行って応援するのか、自分で決めてごらん」とだけ声をかけました。

男の子は泣きつづけました。泣いて、泣いて、そして、2回戦目が始まるときに、「行ってくる」と**自分で決めて、刀をもって走っていきました。**その戦いでもすぐにやられてしまいましたが、彼が泣いて帰ってくることは、もうありませんでした。

後日、その活動を離れたところから見ていたお母さんからお手紙をいただきました。

「年齢も性格も違う仲間たちと力を合わせて遊び抜く経験。ギリギリまで手を出さず、見守って最後に背中を押してくれる先生たち。合戦のとき、敵チーム2人に囲まれて叩かれた息子。幼稚園では大人が止めてくれるため、人生初の経験に泣いてしまいました。そんなとき、ファイヤー先生が、まだ終わってないよ、行くかどうか自分で決めていいんだよ、と繰り返して言ってくださっていました。息子はいま、次はやり返すんだと言って、毎日登園時に走る練習をしています。貴重な成長の機会をありがとうございました」

この手紙を見て、「やり返す」というところだけに注目してしまうと、違和感を抱くと思います。しかし、お母さんはそこではなく、毎日登園時に走る練習をしている

「サムライ合戦」での勝利の瞬間

「たくましくなったわが子」の様子を私に知らせたいと、筆をとってくれたのです。私も彼の成長を聞き、うれしく思いました。

彼は合戦で痛い思いをしました。小学生２人に囲まれ怖かったでしょう。負けたくやしさも覚えたはずです。プラスなことなど何もないように見えます。けれど、「次はやり返すんだ＝次こそ勝つんだ＝そのために強くなるんだ＝毎日走るぞ」と、**彼を突き動かしたのは、このマイナスにも見える経験**です。

お母さんのお手紙にあるように、「ケンカはダメ、みんなで仲よくしなさい」と「幼稚園では大人が止めてくれる」のでしょう。

でもそれでは「たくましい心」は育ちません。

たとえば、大人がいくらダメだと言ったところでケンカは起こります。そもそも、「ケンカは悪いこと」ととらえがちですが、**ケンカとは「意見のぶつかりあい」**です。実は建設的なことなのです。そして相手の話を聞き、自分の意見を言い、お互いのことを考え、折衷案を出し、折りあいをつける。そうすることで、より強い信頼関係ができる。これが**「仲直り」**です。

花まる学習会では、「ケンカはしてよし。けれど、必ず仲直りをすること。間に大人は入りません」と言っています。なぜなら、**社会に出たら仲裁に入ってくれる人はおらず、自分たちで解決しなくてはならないから**です。「食べていけるかいけないか」が試される、「本物」の荒波である社会に出る前に、子ども同士のミニ社会でどれだけ「練習」を積めるかが勝負なのです。

心が充電されれば、子どもは何度でもチャレンジできる

嫌なことやつらいこと、「もめごと」を経験した子どもは、泣きながら大好きなお母さんのところに行きます。

今回の年中さんの男の子でいうと、近くで見ていた私が彼のお母さん代わりだったのでしょう。私のすぐそばでずっと、彼は自分に向きあっていました。そして、頑張るためのパワーを心に充電していたのです。

私は、彼に「なんで泣いてるんだ！　誰にやられたんだ！　ファイヤーがその子を叱りにいくから」とは言いませんでした。彼の将来を思ったら、私が出ていって解決することは、なんの意味ももたないからです。**いま、ここで、自分で、解決しなくては**「痛かった」「怖かった」「くやしかった」という**もめごとが、彼を成長させる「肥《こ》やし」にはならない**のです。

お母さんとしては、苦しいです。

母にとって子どもの痛み、苦しみは自分が味わっているのと同じか、それ以上です。本当につらいと思います。けれど子どもがもめごとにまきこまれて泣きながら帰ってきたとき、お母さんにお願いしたいことは、「誰にやられたの？」と問い詰めるのではなく、ぐっと我慢して、「ぎゅっ」と抱きしめてあげてほしいということです。

それだけで子どもの心は充電され、再びもめごとの待つ荒波の中に、飛びこんでいけるのです。それが子どもを鍛えるのです。

そしてもう1つ、お願いです。**心の充電が満タンになるまでにかかる時間は、子どもによって異なります。**あっという間に満たされる子もいれば、1週間以上かかる子もいます。その充電期間は自分に向きあい、折りあいをつけるために必要な、大事な時間です。

せかさず、焦らせず、**その子のペースに合わせて待ってあげてください。**

その経験が、「弱い心」ではなく、「たくましい心」を育てます。

Point

ギリギリのところまで大人は手を出さない
親は子どもの心の充電器

09 「たくましい心」の育て方

「逃げたくなるとき」ってどんなときですか？

私は「なんとかしてみせる！」と思うほうなので、逃げたくなるときがあまりないのですが、「弱気になるとき」はあります。ここ最近の「弱気になったとき」は、いつも雪国スクールを開催しているスキー場にまったく雪がなく、緑の芝が輝く美しいゲレンデを見たときです。

60歳を超える地元の方が「生まれてこの方、こんなことははじめてだ」というぐらいの異常な暖かさが、雪国を、そして私を襲っていました。雪遊びとスキーがメインの雪国スクールなのに、雪がない。解決しようにも、人間の力ではどうにもならない「天候」という壁に、道をふさがれたような気持ちでした。そして、いろんなことが頭を巡りました。

- 1000人を超える子どもが「雪」を見ること、「仲間」と過ごすことを楽しみにしている。
- ご両親も、ゴーグルや手袋などを買い揃え、子どもの成長を応援してくれている。
- 地元の方も、かまくら会（かまくらでお餅を食べる会）ができるように、公園や土手から雪をかきあつめ、子どもたちの自然体験のために尽力してくださっている。

「花まる学習会の野外体験」を信頼し、期待し、応援してくださっている方々の顔が次々浮かび、笑顔が浮かぶうちに、「なんとかしてみせる」という想いが自分の中にふつふつと湧きあがってきました。そして、弱気な心は吹き飛び、

「雪国として発展してきた新潟県。これだけ広い越後湯沢。雪のある冬の新潟県を楽しみにしている人がいると知っていて、『暖冬』という理由で『仕方ない』とあきらめるスキー場ばかりではないはず。必ず雪の残っているスキー場はある」

と確信にも近い想いを胸に、動きだした自分がいました。

その後、地元の宿の方と仲間の協力があり、見渡すかぎり真っ白い雪の自然にできた広場と、六日町スキーリゾートという雄大な景色の美しいスキー場に巡りあい、いつもと変わらぬ雪国スクールを開催することができました。

宿の方も、もしかしたら生まれてはじめて経験する雪の少なさに、「弱気」になっていたかもしれません。けれど、私も宿の方も「なんとかしてみせる」と、逃げださなかった。あきらめなかった。そして、もし逃げだしていたら手にすることなど絶対にできなかったものをたくさん得ることができました。

たくましい心とは、多くの言葉で表現されます。

- **逆境に負けない心**
- **逆境こそ楽しむ心**
- **苦難や試練に屈しない心**
- **あきらめない心**
- **やり抜く心**

私はこれら全部をひっくるめて、**たくましい心とは「逃げない心」**だと思っています。**「結果」ではなく、目標に向かって、挑戦しつづけること、ゴールを目指し歩きつづける自分を信じつづける**ことが、たくましい心につながります。

花まる学習会の「野外体験」には、まさにこの、**逃げださないたくましい心**を育む機会であふれています。

「勇気が出ない」彼を支えたものこそ「たくましい心」を育む原点

「ファイヤー……おれ、勇気がないんだよ」と、いつも元気なD君が授業前に私のそばにきてポツリとつぶやきました。突然の告白に少し驚きましたが、私は平静を装い「何をする勇気がないの？」と聞きました。D君はしばらく考えて、

「1人で泊まることや川に飛びこむこと……」と言います。

そこまで聞いて私は察知しました。数日前にD君のお母さんと私でサマースクールのコースをどこにするか相談したばかりでした。

「行きたくないの？」と優しく尋ねると、D君は首を横に振って「そうじゃない、行きたいけど……怖いんだよ」と答えます。

「じゃ、一緒に飛びこもう。ダメだと思ったらいつでもファイヤーに言いにおいで」と励ますと、D君は静かに、ただ静かに首を縦に振りました。

サマースクールだけでなく、「親元を離れた宿泊」企画の前には、D君のように自

分と戦っている子どもがたくさんいます。

「行ってみたい。でも、怖い。何か困ったことがあったとき、いつも助けてくれるお父さんやお母さんはいない。自分だけでできるだろうか。どうしたらいいんだろう」それは子どもたちにとって、想像するだけで、世界にひとりぼっちになったような不安を感じることです。

D君もそうです。募集開始から3カ月、サマースクール当日までの間ずっと、自身と向きあい、懸命に不安な気持ちと戦っていました。


そして、いよいよサマースクールがやってきました。D君が参加したのは「川遊びの国」。このコースの特徴は、「やっても、やらなくてもいい」ではなく、「全員」が滝つぼに飛びこむことを目標にしている点です。

参加している子どもたちが滝つぼに飛びこむための場所へと移動し、次々に飛びこんでいく様子を、D君は遠くの浅瀬から見つめていました。しばらくして、ゆっくり、ゆっくりと、ときどき立ち止まっては、それでも少しずつ飛びこむ場所へと足を進めるD君。その姿からは、「飛びたい。できるようになりたい。飛びこんでかっこいい自分になりたい……でも怖い」と一生懸命戦いつづけている様子が見てとれました。

飛びこみ場所に到着したD君ですが、なかなか飛べません。もう何十分そこにいるでしょう。川を見つめ、動かない自分の足を見つめ、顔は下を向いたままです。

「遊び時間あと10分！」というコースリーダーの声が響いたとき、D君が顔をあげました。そして、私をまっすぐ見つめ何かを言っています。遠く離れたところにいた私は言葉こそ聞きとれませんでしたが、その口の動きから「助けて、ファイヤー！」という叫びが、はっきりとわかりました。


このD君が、わが子だったらどうですか？　お父さんお母さんがそばにいたら、D君は「助けて、お母さん！」と言ったはずです。そうしたら母としてどうしますか？　きっと、「もうやめていいよ」と言ったのではないでしょうか。

私がそばに行くとD君は、そっと私の手を握って「無理かも……」と言いました。

私はD君に、「ここまで頑張ってきたことがすごいことだよ。勇気を出したね」と言いました。D君はずっとうつむいたままです。でも、私の手を握る力はだんだん強くなっていきます。

「遊び時間、あと3分！」コースリーダーの声に、ハッとしたD君は私の手を握ったまま、飛びこみの場所に行きました。

「決めるのはD君だぞ。結果がどうであれ、ファイヤーはD君の勇気を認めているよ」

「飛びたいんだ……お母さん喜ぶかな……怖いけど、行くから……」

D君は私の手を最後にぎゅっと握って、離しました。そして動かなかった足を少しずつ前に進めて、青空を見上げました。大きく息を吸いこんで……次の瞬間、「わぁ！」という歓声があたりに響きました。川の下を見ると、飛びこんだD君のまわりに、班の仲間が集まっていました。

「やったな！」その声に包まれ、D君は満面の笑みを見せてくれました。


サマースクールの終わりの時間がやってきました。解散式です。お母さんにD君の様子を伝えると、お母さんは号泣でした。その横で誇らしげに笑っていたD君。最後に彼は言いました。

「また来るから。次はもっと飛びこむから」

親の信頼と「ひとりでできる」経験が自己肯定感を育む

D君が戦いつづけたサマースクールまでの3カ月間は、お母さんにとっても、戦いつづけた3カ月間です。そしてサマースクールが始まってからは、お母さんにとってはさらに過酷な時間だったと思います。「わが子はどうしているだろう、飛びこめなくて泣いているんじゃないか、お友だちに冷たい目で見られているんじゃないか、つらいだけだったらどうしよう」と心配でたまらなかったことでしょう。

でもお母さんはD君のことを想って、D君のことを信じて、応援しつづけました。そして、その母の愛を支えにして、D君も戦いつづけることができたのです。

愛ゆえに「頑張りなさい、行きなさい」とお母さんが背中を押しつづけてくれたことで、D君は「やりつづければ、いつか自分もできる」という自信を手にすることができました。もし、愛ゆえに「もういいのよ、行かなくていい」とお母さんが言っていたら、D君は自信を手にすることができなかったでしょう。

「たくましい心」を育むうえで大切なのは、「自分はできる」という「自己肯定感」です。大切なのは、「いまはできなくてもいい」、「いつかはできる」という想いを抱けることです。

いつか、自分はできるのであれば、あきらめる理由も逃げる理由も存在しません。そして「できない」を人のせいにすることもありません。できるようになるのは自分、他人ではないとわかっているからです。そうして自分を肯定できれば、つねに「自分に足りなかったことはないか、自分にできたことはないか」と、ベクトルが「自分」に向きます。「できなかったのはあいつのせいだ」と、他人のせいにすることはありません。

そして、いまはできない自分であっても信じてくれる人がいる、応援してくれる人がいる、愛してくれる人がいるという、「親の絶対的な愛」を感じることが、「自分はできる」、「自分はいつかできるようになる」という「自己肯定感」を支えるのです。

Point

たくましい心を育むのは、「自己肯定感」と「親の愛」

10 「思いやりの心」と「たくましい心」があれば、幸せに学力が伸びる

「思いやりの心」とはすなわち**「他者性」**だと述べました。思いやりの心＝他者性があれば、その子どもは幸せに**学力を伸ばすことができます**。

なぜかというと、学ぶとは「相手が何を知りたいのか」を察することや、「相手の気持ち」を考えることに通じます。他者性があれば、問題を与えられたときに、「この問題をつくった人は、私に何を聞きたいのか」と考えることができます。つまり、問題作成者の意図を考え、そこに応えようとするので的を射た解答を導きだすことができるのです。

また、学ぶとは「相手を知ろう」とすることでもあります。

たとえば、小学生が「長方形」を学ぶとき、「長方形」って筆箱だ、黒板だ、豆腐だ！と身近なもので「わかろう」とします。三角定規２つで「長方形になる！」なんて発

見をする子もいます。「相手を知ろう」という気持ちは、「相手をわかりたい」という想いの発露です。それがつまり、「思いやりの心」なのです。

そして、「自分はできる」というたくましい自己肯定感をもって、勉強に取り組む子はあきらめません。

たとえば、小学1年生に中学1年生向けの問題を渡しても、「できる！」と、壁をつくらずに取り組みます。でも実際には難しすぎてできません。

「ちょっと休憩」と遊びにいく子もいます。時間内に終わらなければ「もって帰っていい？」と、お母さんにぽいっと渡す子もいます。でも捨てる子はいないのです。

思いやりの心が育っていてたくましい自己肯定感があれば、**「いつかできる」と思うから投げださない**のです。むしろ、自分はいつできるようになるのかと、そのときを楽しみにしています。その結果、「思いやりの心」と「たくましい心」をもった子どもは、幸せに学力を伸ばしていくことができるのです。

Point

「思いやりの心」と「たくましい心」は、社会を生き抜く力

第2章

4～9歳で、人生を生きる基礎力が決まる！

01

人間は「変態」する生き物である

「子どもとは」という話をするとき、花まる学習会では**人間は「変態」する生き物である**ことからお話しします。変態とは、「まったく違う生き物になる」ことです。

たとえるなら、**9歳くらいまではオタマジャクシ**です。個人差はあれど、10歳ぐらいは足の生えたオタマジャクシです。そして10歳以降はしっぽの短くなったほぼカエル＝大人になります。オタマジャクシである9歳の子どもに、「陸の上で飛び跳ねなさい！」と言っても、子どもにとってはつらいだけです。なぜなら、オタマジャクシがカエルのように振る舞うことは、どんなに頑張ってもできないからです。

それを理解しない**親の過度な叱責や期待は、子どもの自信喪失につながります**。自信をなくした子どもは時期が来ても陸にあがらず、水の中で過ごすカエルになってしまうかもしれません。

よく4〜9歳の子どもをもつご両親から、「うちの子、じっと座っていられないんです」や、「何回言ってもわからないんです」という相談を受けます。

でも、「それこそが4〜9歳の特性です」と言われたらどうですか？　叱る理由がなくなりますし、「できなくて当たり前なんだ」と悩み自体がなくなります。

親にとってつらいのは、まれに「できる子がいる」ことです。したくないのにわが子と比較してしまう。「うちの子はこのままでいいのか」と心配になる。

でも、子どものことはなんでも心配になるのがお母さんで、それが「母という生き物の特性です」と言われたらどうですか。もっと落ち着いて母としての自分と子どもに向きあえるのではないでしょうか。子どもとは、母とは、どういう生き物なのか？　**特性を知れば子育てがラクになりますし、子どもの成長の芽を伸ばす工夫ができるようになります。**66−68ページに4〜9歳の幼児期の子どもとお父さん・お母さんの特性をまとめました。参考にしてください。

Point

「子ども」とはどういう生き物かを知ることが子育ての鍵

4〜9歳の幼児期の子どもの特性

4〜9歳の子ども
＝ オタマジャクシ!!

特性

- すぐ泣く
- 忘れやすい
- 恨みをもたない
- 自分はなんでもできると思っている
- 基準を求める
- 大きさや順序にこだわる
- 落ち着きがない（じっとしていられない）
- 我慢ができない
- 領域を広げる
- 自分が中心
- 振り返りが苦手
- 思考と行動が同時
- 体を動かすと頭が働く
- 「用意、ドン」で動きだす
- 自分がおもしろいと思ったことしかやらない
- お手伝いが大好き
- 「特別」や「日本一」や「宇宙一」が大好き
- ふざけるのも、きちんとするのも好き
- 危ないことをするのが好き（ギリギリを楽しむ）
- 誉められると得意になる
- 没頭しやすい
- 集中力が続かない
- お母さんが大好き

お母さんの特性

お母さん = カエル!!

特性

- 子どもの苦しみは私の苦しみ。母と子は一心同体
- 子どものことを24時間考えている
- わが子がいちばんで、時にまわりが見えなくなる
- 子どものことだとなんでも心配になってしまう
- つい、他人の子ども（兄弟間でも）と比べる
- ほかの子もそうですよと言われると安心する
- わが子のことを誉められると謙遜してしまう
- 感情で動く　・しゃべってすっきり
- 怒りが沸点まであがるとなかなか下がらない
- 気にかけてほしいし、気遣ってほしい

お父さんの特性

特性

- 自分は自分。子どもは子ども
- 子どもが元気ならほかのことは気にならない
- 論理的に考える
- 結論を出したがる
- 勝負にこだわる
- 1つのものにこだわる
- 複数のことを同時にすることはできない
- わが子のことを誉められると「よかったな」と頷く
- 切り替えが早い
- 「解決」できてすっきり
- 単純
- 頼りにされるとやる気になる

02 4歳ごろから生きる基礎力がつくられ始める

中学生に「あなたにとって、失敗とはなんですか？」と質問をしました。すると、いくつかの答えが返ってきました。

Aさん「失敗とは、恥ずかしいことである」

Bさん「失敗とは、二度と繰り返してはいけないことです」

この質問を大学生にします。するとこういった答えが返ってくるときがあります。「失敗とは、成功の第一歩であるという自己啓発本を読みました！　いい言葉だなと思いました！　だからそう思って、頑張ります」と。

10歳以降は深い思考が可能になるので、本や尊敬する先生の言葉から、新たな学びを自分に落としこむことができます。それはいいことですが、大学生の「失敗は成功の第一歩」という答えの根底にあるのは、中学生が答えた、失敗は恥ずかしいこと、二度と繰り返してはいけないことというような、**「失敗＝マイナス」**という価値観でしょう。

「そう思って頑張る」のは素晴らしいことかもしれませんが、**「失敗」自体ないという価値観をもつほうが素晴らしいと思いませんか？**「そう思って頑張る」とは、意識して頑張るということです。そうではなく、息をするのと同じくらい自然に失敗を恐れない人間になれれば、「失敗が怖くて挑戦できない」こともありません。

4歳くらいの子に「あなたにとって、失敗とはなんですか？」という質問をします。すると「しっぱいってなに？」という答えが返ってくるでしょう。失敗そのものがわからないのです。それでも、人の会話の意味がわかり始める4歳ころから、子どもは言葉を、自分なりに理解し、その意味を心の中に刻んでいきます。その際に大切なのが、**経験とまわりの人の態度や言葉**です。特に、大好きなお母さんの言葉は子どもの心に深く刻まれます。そうして得た価値観や倫理観が、生きるうえでの基礎になります。

たとえば、子どもがおねしょをしたとします。

濡れたパジャマやパンツは手洗いという一手間をかけないといけません。布団も日の当たるところに干さないといけません。雨が降っていれば、お金をかけてクリーニングに出さないといけなくなるかもしれません。そういったマイナス要素だけを見ると、おねしょは「失敗」になってしまいます。

けれどマイナスの要素には一度目をつぶり、この経験が将来のためになるというプラスの方向から「おねしょ」を見ると、子どもにかける言葉は変わるはずです。

「朝、起きたらおしりが冷たくて気持ち悪かったね。でも、わかってよかったね。気持ち悪くならないためにはどうしたらいいか考えられるもんね。昨日は寝る前にジュースをたくさん飲んじゃったんだよね。だからおねしょになったのかもしれないね。今度から寝る前にジュースや水をたくさん飲まないようにしよう」

そう声をかけてあげると、おねしょは「恥ずかしい、二度と繰り返してはいけない失敗」ではなく「次につながる経験」になります。声のかけ方によって、「失敗」自体が存在しなくなるのです。

66ページの一覧で紹介したように、個人差はありますが、子どもは、**9歳ころまでは「自分はなんでもできる」と思っています**。でも実際はできないことだらけです。生まれてすぐは立って歩くことすらできません。それなのになんでもできると思っている。だから、はじめは臆することなく挑戦できます。挑戦の結果、できなかったとしても、お父さん、お母さんからのプラスの声がけや温かなまなざしがあれば、自分はいつかはできると思い、また挑戦できます。つまり、**お父さん、お母さんがプラスに受け止めることで、子どももプラスに受け止めることができる**のです。

このように4〜9歳は、生きる基礎力が育まれる時期です。そのため「思いやりの心」「たくましい心」を生きる基礎力として身につけられるような経験と、まわりの人の態度や言葉が重要なのです。

Point

生きる基礎力は、経験と、まわりの人の態度や言葉でつくられる

03 4～9歳の子どもは、「経験の総量」をできるだけ増やしてあげる

私たち大人は経験上、何が大変で何が危ないかということを知っています。そのため、ついつい先回りをして準備したり、子どもの行動を止めてしまったりします。雨が降りそうだなと思ったら、傘を準備しておく、ケンカになりそうだなと思ったらヒートアップする前に止めてしまう、などです。

しかし、それではいつまでたっても、子どもは「わからない」ままです。空がどんな色をしていたら、空気がどんな匂いだったら雨が降りそうなのか、相手にどんなことをしたらケンカになるのか、どんなことを言ったら相手は怒るのか、**経験しなければ、自然のことがわからない、相手の気持ちがわからない、相手を思いやることができない大人に育ってしまいます**。ですから、4～9歳の幼児期に、「経験の総量」をできるだけ増やしてあげることが、とても大切です。

しかし、親にとって黙って見守ることは苦しく難しいことです。口を出さないでいたら、雨に濡れて帰ってくることになるでしょう。友だちとケンカをしたら、傷ついたり、傷つけることもあるでしょう。それがわかっているからつい、言ってしまう、やってあげてしまうのが親というものです。

しかし4〜9歳の子どもは、激しいケンカをしてもケロッと忘れて、翌日にはまた一緒に走り回って遊びます。もう生涯会うことは二度とないというようなケンカ別れをすることはありません。「忘れやすい」「恨みをもたない」「自分はなんでもできると思っている」4〜9歳の時期だからこそ、子どもに自由にやらせてあげてほしいのです。この時期に**「思いどおりにならない経験」をたくさん積むことが、子どもにとっても成長のチャンス**なのです。

「思いどおりにならない」経験が子どもを伸ばす

大人の社会では、自分の思いどおりになることはごくわずかです。日々、思いどおりにならないこととの戦いなのは、お父さんお母さんもよくご存知でしょう。社会とはそういうものです。だから、4～9歳の幼児期に、先回りをして準備をしたり止めたりするのではなく、子どもにいろいろな経験をさせることが大切なのです。そうして子どものミニ社会で練習し、鍛えられたら、**本物の社会に出たときに、その荒波を乗り越えることも、楽しむこともできる大人になります。**

では、思いどおりにならない経験とは、具体的に何があげられるでしょうか。

1つは「天気」です。

たとえば、私が花まる学習会で責任者を務めている野外体験では、川や山に行ってキャンプをしたり雪国でスキーをしたりします。天気がいいほうが活動の幅が広がるので、晴れるといいなと思います。

しかし、天気ばかりは運まかせです。子どもが頑張れば晴れるわけではありません。

この天気への対峙の仕方に、その子の生きる力が垣間見えます。

たとえば、待ちに待った野外体験の日が雨だったとき、「雨だからもう楽しめない」と嘆く子と、「やったー！　シャワーだ！」と喜び勇んで外に出ていく子がいます。

前者は「思いどおりにならないことがあったときに、もうダメだと折れてしまう子」。

後者は「思いどおりにならないことがあったときに、逆に面白くなってきたぞと立ち向かえる子」です。

では、その思いどおりにならない体験をしたあと、残るものはなんでしょう。

前者の子には雨はおもしろくないという「マイナス」な思い出が残ります。でも後者の子は、たとえば「雨だとカエルの鳴き声が大きいから見つけやすい」とか、「雨の中、1人でとぼとぼ歩いていると風邪をひいちゃうのに、友だちと思いっきり遊んでいたら風邪をひかない」とか、自然や自分に対しての「プラス」な学びが必ず残ります。**思いどおりにならない経験に立ち向かうと、必ずプラスにできる発見がある**ということです。

もう1つ、子どもにとって思いどおりにならない経験といえば、集団生活です。

小学1年生〜6年生まで1人ずつ、6人の班をつくって宿泊に行ったとします。何が起こると思いますか。

まずもって、1年生の思いどおりになることはありません。「こうしたい」と思っても、年上の子から「ちびは黙ってろ」なんて扱いを受けたりします。でもこれも社会に出たら当たり前です。上司や先輩が新人に、「お前のいいようにしてくれ」ということはありません。

1年生の子どもは、高学年の子どもに「ちびは黙ってろ」と言われたとき、理不尽な扱いに泣いてしまうこともあります。けれど、助けてくれる人はいません。自分でなんとかするしかないのです。そう気づいたとき、子どもは考え始めます。何をしたら、どう言ったら、自分のこうしたいを通せるのか？「思いどおりにならない＝どうにもならない」ではなく、少しでも自分が納得できるようにするためには？という視点で考えます。これは**自分の心と折りあいをつける訓練**をしているということです。

こういったことを繰り返し経験することによってたくましい心が育まれ、たとえば、「部活で大会の選手に選ばれなかった」「受験や就職がうまくいかなかった」「好きな人に振り向いてもらえなかった」など、これから先、直面するだろう思いどおりにならない経験にも、立ち向かえるようになるのです。

Point

思いどおりにならない経験こそが子どもをたくましく育てる

04

お母さんだからできること

「思いどおりにならない経験」をするとき、子どもは1人で孤独に頑張っているかというと、実はそうではありません。そこには必ず心を支えてくれる人がいます。それは**お母さん**です。

たとえば、野外体験で思いどおりにならない場面に遭遇したとします。助けてくれるお母さんはそばにいません。けれど、「お母さんが応援してくれている」「頑張れたら、お母さんもきっと喜んでくれる」と子どもは思っています。離れていても、直接頼ることはできなくても、お母さんの絶対的な愛が子どもの心を支えるのです。

子どもにとって母親はすべての中心です。これは大人になっても変わりません。一生を通じてお母さんは子どもの力の源であり、社会で戦い疲れても、お母さんのところに帰ると心が満たされ、また頑張るための力が湧いてきます。

子どもの「訴え」の受け止め方

外で思いどおりにならない経験をし、理不尽な扱いを受けたと思っている子どもは、お母さんのところに戻ったとき、「こんな嫌なことがあった、こんなつらい目にあった」と一生懸命訴えます。お母さんは、「こんな思いをさせるために行かせたんじゃないのに……」と、胸がちぎれそうになるくらいつらくなります。**子どもと一心同体になって育ててきた「いいお母さん」こそ、その想いは強い**でしょう。

でも、本当のところ、子と母は一心同体ではありません。子どもはいつか母の手を離れ、自分の力で生きていかなくてはならないのです。母のもとに戻ってきて不満や愚痴を言うだけでは、根本的な解決になりません。

だから、子どもが「つらい目にあった」と訴えてきたときこそ、思いやりの心とたくましい心を育み、**「親がいなくなっても立派に生きていけるようになる」ための、チャンス**だと思ってください。そして、子どもを抱きしめ、つらかった気持ちも一緒に受け止めてあげてください。たとえば、先ほどの1年生のように「ちびは黙ってろって言われた」と訴えたなら、こんなふうに言ってあげましょう。

「よく頑張ってきたね。つらい目にあって嫌だったね。でも、○○が大きくなったら、そんなこと言わないよね？　相手がどんなに嫌な気持ちになるかわかったからね。○○が何かを言うときは、相手の気持ちを考えてから言うようにしよう。それがわかってよかったね」

「次にまた『ちびは黙ってろ』って言われたらどうする？　そういうときは『ちびって言わないで、仲間に入れて』って言っていいんだよ。お友だちになりたいと思ったら、**その場で言ってみよう**。いまはまだできないかもしれないけれど、○○だったらいつかできるようになるから。お父さんとお母さんがいない中で、一生懸命頑張ってきた○○は立派だったよ、えらかったね」

と、子どもの気持ちを受け止めながら、誉めてあげてください。

ここで大切なのは、**この経験が将来のためになるように、本人の中でどう消化させるか**ということです。「そんなひどいことを言われたなんて！」と、相手の親に電話をし、謝罪させることは、将来のためになるでしょうか。そうすれば、子どもとお母さんのつらかった心を一時は癒せるかもしれませんが、根本的な解決にはなりません。**子どもが「思いどおりにならないことがあったら親に言えばいい」と覚えてしまう**だけでなく、また異なる場面で、違う子どもと、同じようなことが起こるだけです。

つらかったことを訴える子どもとしては、「こんなにつらかった、でもこんなに頑張った」ということを大好きなお母さんに受け止めてほしいだけだったりします。

だからお母さんは、頑張ってきた子どもを認めてあげてください。またマイナスな経験がプラスになるように、**会話は「よかったね」で終わらせてください**。

そして、何がいいことで、どうすることがいいことなのか、考えるうえでの「基準」を示してあげてください。そうすることで、どんなに思いどおりにならない経験も、子どもの将来の肥やしになります。

Point

お母さん次第で、どんな経験も、子どもの将来の肥やしになる

05

お父さんだからできること

「お母さん次第で、どんな経験も子どもの将来の肥やしになる」とお伝えしました。

この言葉に、プレッシャーを感じたお母さんもいるのではないでしょうか。

そこで、お父さんの出番です。

67ページで紹介しましたが、お母さんには「しゃべってすっきり」という特性があるので、**お父さんは、お母さんの話を「うん、うん」と聞いてあげてください**。お母さんは子どものことを24時間考えています。特につらいことが起こると、このつらさをお父さんにも聞いてほしいと思っています。

ところでお母さんが次のように話したら、お父さんはなんと返事をするでしょう？

（母）「ねえ、〇〇が帰ってくる途中、上級生の子に追いかけ回されたんだって。明日もされたらどうしようって言ってるの。明日はお友だちと一緒に帰っておいで。学校からおうちまでの帰り道を変えてもいいよっていったんだけど、どう思う？」

（父）「それじゃ、解決しないんじゃないか、その追いかけてきた上級生にやめさせないと、結局、道を変えても同じだろ。俺が学校に電話して言ってやるよ」

（母）「え？　そこまでしなくていいんだけど……」

（父）「でも、お前も、○○も困ってるんだろ、俺に任せろ」

この会話、「うちでもあった！」なんて思い当たることはありませんか？

お母さんは、お父さんに何を求めていたのでしょう。事態の解決でしょうか。いいえ、お母さんは、つらかった気持ちをわかってほしかっただけです。「どう思う？」と問いかけていますが、答えはもう出ています。

「うん、それでいいと思うよ。○○も頑張ってるな。これもママのおかげだよ。いつも○○のこと、一生懸命考えてくれてありがとう」と言ってほしいだけなのです。

しかし、お父さんは、頼られるとつい解決しようとしてしまいます。これが高じると、わが子に友だちがいなくなる事態にもなりかねません。ことあるごとにお父さんがクレームを入れると、「すぐに親が怒るあの子とは遊びたくない」とまわりの子どもは思うからです。**子ども社会に親が出ることは、子どもの中ではタブー**なのです。

お父さんにしてほしいことは、解決のために動くのではなく、**お母さんの結論が「子どものためになるのかどうか」を判断すること**です。論理的に考える特性をもつお父さんだからこそ、感情は抜きにしてお母さんの話を判断できます。

そして、お母さんの言うことは違うかもなと思えば、「〇〇のこと、一生懸命考えてくれてありがとう。ちょっと思ったんだけどね」と感謝の言葉から始めて、夫婦で話しあってください。その習慣ができていれば、お母さんが「本当にどうしたらいいかわからない」ときに、お父さんに相談できます。

夫婦が一枚岩であることが、お母さんが笑顔でいられる秘訣ですし、お母さんが笑顔なら、子どもも笑顔でいられます。**家族の安定のため、しっかりお母さんの話を聞いて、話しあう習慣をもつ**。それが、「お父さんだからできること」です。

Point

お父さんは、お母さんの話を聞くことで、家族の笑顔に貢献できる

06

当たり前を、もっと誉めてあげる

教室や野外体験でご両親とお話をすると**「ダメなところばかりが目についてしまって、誉めることができないんです！」**という相談を多くいただきます。「うちでは誉めてあげられないんで、先生、いっぱい誉めてあげてください。誉めるのは花まるにお任せします！」といった具合です。

もちろん、花まる学習会の教室や野外体験でもたくさん誉めます。でも、私たち講師が100回誉めても、お母さんの1回の誉め言葉に勝るものはありません。だからお母さんには、**お子さんを1日1回誉めてほしい**のです。

「何について誉めたらいいの？」と悩めるお母さんは思い出してください。

私たちは、子どもの「思いやりの心」と「たくましい心」を育みたいはずです。ですから、その2つを軸にして、子どものことを見てあげればいいのです。

つまり、1つは**「ありがとう」**という視点で、もう1つは**「頑張っているね」**という視点で見てみると、誉めることはたくさん見つかるはずです。たとえば、

- お皿を出してくれてありがとう。立派だね。
- 妹にミルクをあげてくれてありがとう。優しいね。
- 早起き頑張っているね。1人で起きられるように頑張っていることが立派だよ。
- 学校の準備頑張っているね。ここまで、自分で整えられるようになってすごいね。

誉める内容は、特別なことでなくていいのです。むしろ、**ごくごく当たり前のことを誉めてあげてください**。

家に帰ってきた子どもが脱いだ靴を自分で揃えたら、「きちんと揃えてくれてありがとう。きれいで気持ちいいね。すぐに履けてみんな助かるね」と言ってください。揃えようと頑張っている姿が見えたら、「揃えようとしてくれてありがとう。一生懸命頑張れたね」と言ってあげてください。子どもの心にはお母さんの言葉と、うれしいという気持ちの両方が刻まれて、次の日も絶対に靴を揃えるでしょう。

中には、「うちは脱いだ靴は揃えるのがルールだから、やって当たり前なんです」

と言うお母さんもいらっしゃるかもしれませんが、ルールを守っているという事実も含め、「立派だね」と認めてあげてください。

その積み重ねが、子どもに思いやりの心とたくましい心を育むだけでなく、**「できなかったことができるようになった」**という自信にもつながります。

さて、ここで1つご注意ください。「できて当たり前」「やって当たり前」と思えることを子どもができなかったとき、「なんでできないの!?」と雷を落としそうになりますが、それはやめてください。できなかったときではなく、「できたとき」、「やろうとしたとき」を見逃さず、「よくできたね」と認めてあげてください。それが子どもの自己肯定感を育みます。

ぜひ、お父さんもお母さんも、惜しまず、もっと子どもを誉めてあげてください。

Point

1日1回誉めて、認める。誉めるときは言葉で本人に伝える

07

「できないね」「うちの子なんて」……マイナスの言葉も刻まれる

幼いころに親から言われて覚えている言葉はなんですか？　と聞かれたら、どんな言葉が頭に浮かびますか？　そしてどんな思いが自分の中に巡りますか。

- 「算数ができない」って言われたこと。だから算数はずっと苦手で文系に進みました。
- 「歌が上手」って言われたこと。それがうれしくって歌手になるのが夢でした。
- 「ごはんつぶは糊《のり》になるんだぞ」って言われたこと。必要なものは買わなくてもつくれるって思いました。

いろいろとあると思いますが、忘れやすい幼児期にかけられた言葉を覚えているのは、その言葉が自分に届いた瞬間に深い悲しみや喜び、感動をもたらしたからでしょう。その言葉は、**「大好きなお父さんお母さんが言ったことだから、『正しい』ことな**

んだ」という思いとともに、子どもに刻まれるのです。

最初にお話しした通り、言葉は、よくも悪くも相手に届くもの、そして残るものです。お父さんお母さんが言ったことすら忘れている何気ない言葉が、子どもの選択や嗜好に大きな影響を及ぼすことも少なくありません。

たとえば私の知人で4～5歳のころ、母親に「あんたは運動神経が鈍い」と言われて以来、ずっと体育が苦手だったという女性がいます。でも、大人になってふとしたことからジョギングを始めたら、割と速かったそうです。公式大会でも、そこそこのタイムを出せたといいます。つまり彼女はすべての運動ができないわけではなかったのです。でも母親に鈍いと言われたから、本人は「自分は運動ができない」と思いこんでいて、体育の授業でもいいパフォーマンスを発揮できませんでした。

つまり、「お母さんは私にできないと言った」「お父さんが無理だと言った」という、その子の**自己肯定感をそぐ言葉も、子どもの中にはしっかりと刻みつけられてしまう**のです。それは無限だったはずの子どもの可能性に線を引き、制限をつくってしまうことになりかねません。

もしいままでに、そんなふうに子どもに言ってきてしまっているとしたら、どうしたらよいのでしょうか。一度言ってしまった言葉を取り消すことはできません。もうどうにもならないのでしょうか。

いいえ、そんなことはありません。方法は1つ、**子どもに刻まれている言葉を刻み直してあげればいい**のです。どうやるのかというと、たとえば、こんな具合です。

「○○は算数ができないんじゃなくて、かけ算を覚えきれていないだけだよ」「○○は足が遅いんじゃなくて、走り方を知らないだけだよ」と。

新しい言葉で刻み直してあげることで、子どもはまた前を向くことができるようになります。ぜひやってみてください。

子どものことで謙遜はしないでください

関連して、お母さんは子どもが他人から誉められると謙遜しがちです。たとえば、「○○ちゃん、算数がよくできるんですってね。テストもいつもいい点数だって聞きましたよ」

「いいえ、とんでもない。算数は好きみたいで、勉強はするんですけど、100点はとれない子なんですよ。詰めが甘くて……」

この会話を子どもが聞いていたら、「お母さんは私のことをそんなふうに思っていたんだ」と悲しくなります。それだけでなく、「大好きなお母さんが言うことだから、そうなのだろう」と思ってしまいます。そして、お母さんにそう言われた悲しい気持ちとともに、「私は、算数は好きだけど、100点はとれない子。詰めの甘い子」と心に刻んでしまうのです。

そうすると、「どうせできないもん。お母さんがそう言ったもん」と、努力しなくなってしまいます。つまり、お母さんの言葉で、**知らず知らずに自己肯定感がさがってしまい、無気力な子どもに育ってしまう**のです。

以前、野外体験で、ある子どもがMVPに選ばれました。迎えにきたお母さんに、「100人に1人しか選ばれないMVPですよ」と、具体的に頑張ったことを伝えました。その子はMVPの賞状をお母さんに見せようと思って後ろに隠してもっていましたが、お母さんが「ほんとですか？　嘘でしょ。本当にうちの子ですか？」と言った途端、その賞状をクシャッと握りつぶし、お母さんが見ていないときに捨ててしまいました。

私はそれを拾って伸ばして、「君が頑張った証《あかし》だよ」と渡しましたが、彼は「いらない」と言いました。

お母さんの言葉は、これほどの力をもっています。

でもこれは言い換えれば、**お母さんの言葉は「子どもの一生を支えるほどの力」をもっている**ということです。

照れくささもあって謙遜してしまいがちですが、それはしないでください。まわりの人からわが子が誉められたら、笑顔で「ありがとうございます。頑張ってくれて私もうれしいです」と答えましょう。

Point

子どものことは、子どもが言われてうれしい言葉で話しましょう

08

話しかける子どもに「うるさい」という言葉は絶対ダメ！

毎日忙しすぎて、子どもとゆっくり話ができないお父さん、お母さんも多いかもしれません。かといって子どもに**「うるさい」**などと言ってしまうと、子どもはがっかりして話さなくなってしまいます。これが続くと、大事なことまで話さなくなってしまうかもしれません。

でも、忙しいときに限って「お父さん、あのね」「お母さん、聞いてよ」とまわりをうろちょろ……。こういうときってどうすればいいの？　と思いますよね。

じつは簡単で、**忙しいときは、「あとで」と言えばいい**のです。そして、それをちゃんと覚えておいて、寝る前などに「ごめんね。さっきは時間がなかったけど、なあに？」と言ってあげればいいのです。

子どもにとっては、「ちゃんと覚えていてくれた」ということが大事です。

親からすると「あとでね」はささいな約束なので、うっかり忘れてしまうことがあります。でも忘れると、信頼関係が崩れる原因になってしまうので、言ったことは忘れないでください。

ちなみに「言ったことを忘れない」のは、私が見ている限り、お父さんのほうが得意な傾向にあるようです。仕事で口約束をして、その後に話をまとめていく、詰めていく経験が豊富だからでしょうか？　反対に、お母さんは複数ある家事に忙しく、子どもと一緒の空間にいるので「いつでも聞ける」とあとまわしにしすぎてしまうことがあるようです。

「あとで」とはあくまで「その日のうち」です。お気をつけください。

小さな約束ですが、子どもとの約束を守ることが信頼関係を強固にします。

Point

忙しいときは「あとでね」と約束して、その日のうちに聞き直しましょう

09 「わざと負ける」は大間違い！

子どもと遊んでいるときに**「わざと負ける」**お父さんがいますが、大間違いです。

私自身、娘とよく公園で鬼ごっこをしましたが、絶対に捕まりませんでした。とうとう娘が、「お父さん、捕まってよ！」と怒ったこともありましたが、まさに**「世の中、そんなに甘くない」ということを教えるチャンス**です。

お父さんは、絶対にわざと負けてはいけません。「世の中には勝てない相手がいる」「思いどおりにならないことがある」という絶対的な真理を知ると、子どもは「もめごとやケンカに負けることもある」と、現実を受け入れられるようになります。

子どもがそう思うためには、大前提として「お父さんはかっこいい」と思わせることが大事です。一緒に遊んで、いいところを見せる、お父さんには勝てないことを知らしめる、そうすれば「お父さんに勝てないんだから、友だちに負けることもある」

「また頑張ればいい」と思えます。また、すごいところを見せると尊敬の念を抱くので、思春期に入ってもお父さんを反抗の対象でなく、**「心から頼れる人生の先輩」**として受け入れます。だからこそ、4〜9歳の時期に本気で遊ぶことは重要なのです。

子どもと遊ぶのに、道具はいらない

私がそう話すと、「一緒に遊べるおもちゃもないし、遠出するお金もないし」と悩むお父さんもいます。でも、子どもと本気で遊ぶのに、道具やお金はいりません。近所の公園でいいのです。クタクタになるまで全力で、体を使って遊ぶことが大切です。

4〜9歳の子どもは、「おもしろいか、おもしろくないか」だけで生きています。**子どもを引きつける魅力がお父さんにないと、興味を示してもくれません。**

子どもが走り回りたければ一緒に走り回ればいいのです。顔を近づけて「がーっ」と大きな声を出すだけでも子どもは喜びます。

私にも娘が2人いますが、小さいころは1日でも休みがあれば、近くの大きい公園で遊んでいました。落ち葉をバサッとかけあって、はしゃぎ回るだけです。「落ち葉大作戦」などと名前をつけて、「よーし、いまから落ち葉大作戦スタートだ！」と号令をかけるだけで、子どもにとってはとても楽しい遊びになるのです。

忙しいお父さんの場合は、「仕事中の姿を見せる」ことも有効です。普段は目にできない父親が働く姿を見ると、子どもは尊敬の念を抱きます。

私の場合は娘をサマースクールに参加させました。それまでは、「お父さんは山や川に遊びにいけていいな」なんて言っていました。でもお父さんは暑い中、子どもたちの安全管理をし、泳ぐことも遊ぶこともできません。**社会に出て仕事をするとはどういうことか、娘は私の姿から学んだのでしょう。**それ以降、彼女は「遊びにいけていいな」とは言わなくなりました。いま、まさに思春期まっただなかの娘に、「お父さんのあとのお風呂には入りたくない」などと言われず、それほど嫌われてないのは、子ども時代に「父親のすごさ」を見せてきたからだと考えています。

Point

子ども相手だと手加減せず、力の差を見せる

10

「人が見てるよ」は、お母さんのSOS信号

私は、野外体験などで子どもが転んで泣いたときはすぐに駆け寄り、必ず「いまのは痛かったな〜」と声をかけます。すると子どもは私の表情を見て、涙をこらえて「大丈夫だよ！」と立ちあがります。子どもが泣きやむ理由はただ１つ、**痛みに共感してくれる大人がいるかどうか**です。

町中でこれとは逆の光景を見かけたことがあります。

ある日曜日、渋谷のスクランブル交差点でその光景を見かけました。

小さな女の子を抱っこしたお母さんの後ろをついていこうと、５歳ぐらいの女の子が必死で歩いていました。あまりにも人が多く、お母さんの歩く速度も速かったので、女の子はスクランブル交差点の真ん中で転んでしまいました。女の子が転んだことに

気づいたお母さんは駆け寄ることもせず、遠く離れた場所から「あんた、何しているの！　人が見ているよ！　早く立ちあがりなさい。恥ずかしいから」と言って、そのまま歩き始めたのです。転んだ女の子は、歯を食いしばり、すりむいた膝を何度か叩いて、涙を流しながら歩き始めました。

お母さんについていこうと頑張っていた気持ち、転んですりむいた痛い気持ちは誰にも共感されないままの状態で、女の子の中に残ってしまったと思います。

最近、「人が見ているよ」とか「あの怖い人に叱られるよ」とか、他人のせいにして子どもを注意する親が増えているような気がしてなりません。これは、お母さんとしての自分が未熟だと思われないように、「ちゃんと叱って、子どもを教育しています」と見せるための〝一種のポーズ〟ようにも見受けられます。

昔は子どもが転んだら、大勢の近所の大人が駆け寄って、「あんた大丈夫かい」とか「痛かったな」と、その子の気持ちに共感する文化がありました。村や町ぐるみで子どもを育てていた時代です。しかしいまは、お母さんが1人で頑張っています。

1人で頑張りすぎるお母さんほど心に余裕がなく、子どもへの共感ができなくなっ

ているのではないかと感じます。

子どもが痛みを感じたときに必要なのは、**その気持ちに寄り添う態度や言葉**です。渋谷で転んだ女の子が大人になったときに、果たして転んだわが子に共感の言葉を言えるでしょうか。

子どもになかなか共感できないお母さんがいたら、それは1人で頑張りすぎている証拠です。

そんなお母さんには、「お母さん、ときどき子どもをお父さんや実家に預けて息抜きをしてください」と伝えたいですね。そしてお父さんや、まわりの人たちも、お母さんの無言のSOSに気づいてほしいと思います。

そうして周囲の人たちがお母さんと子どもを支えれば、お母さんは「わが子の痛みを世界でいちばんわかってあげられる母」でいられます。

Point

子どもの痛みに共感できない＝お母さんが頑張りすぎている証

11 なぜ、野外体験で子どもは大きく伸びるのか？

ここまで、お子さんに対して、してほしいこと、してほしくないことを紹介してきました。これは私が12年以上もの間、野外体験で実践し、延べ5万人の子どもとつきあってきた中で気づいたことです。

では、どうして野外体験はそんなにも子どもを大きく伸ばすのでしょう？　野外体験とは子どもにとってどんな場なのかをお話しします。

「我慢」と「葛藤」を経験する場。その経験が子どもを変える

野外体験は、決して「便利」ではありません。「清潔」でもありません。さらに、野外体験はイレギュラーだらけ、予定どおりに事が運ぶことはめったにありません。

天候、誰かの体調不良、道具の不具合などで予定が変わることは珍しくないのです。

つまり、野外体験は子どもにとって「思いどおりにならないこと」への「我慢」の連続、「葛藤《かっとう》」の連続であるともいえます。でも、それが、**子どもが伸びる大きなきっかけになる**のです。

「伸びる」とは「変わる」ということです。「成長する」ということです。**いままでの自分よりも、よりよくなる**ということです。そのための大きなきっかけが、我慢や葛藤という、深く自分に向きあい、他者に向きあうことを余儀なくされる経験です。そしてその経験を与えてくれるのが「野外体験」なのです。

私は野外体験の初日に、高学年の子どもたちに必ず次のようなことを言います。

「君たちは、『我慢』をしにきています。家にいるだけでは、そこが『すごく恵まれた環境だ』ということに気づかないでしょう。でも、ここで過ごせばよくわかるはずです。ここにはいろいろなものがありません。便利な家電もないし、困ったら助けてくれるお父さんやお母さんもいません。『我慢』したくなくても『我慢』することになり、自分の中で『葛藤』も生まれるでしょう。でも、1人ではありません。ここには『仲間』がいます。困ったらすぐに大人に頼るのではなく、まず、『仲間』とともに、どうすればよいか、自分で考えてやってみてください」

野外体験で子どもたちは、親以外の「友だち」や「先輩」、野外体験の「仲間」と我慢や葛藤を経験しながら、濃密な関係を結んでいきます。苦楽をともにした分、その絆も深まります。このような「仲間」を得る経験も、現代っ子には貴重です。

いまは危ないという理由や、子どもはうるさいといった理由で、子どもが自然に集まれる場所も、集まった子が学年も性別も関係なく遊び始めるような環境もほとんど存在しません。**年齢を超えた仲間との触れあいは、つくらなければないに等しい状況**なのです。

だからこそ、花まるで野外体験の班を編成するときは、1年生1人、2年生1人、3年生1人、という具合に縦割りにします。

このとき、花まるの普段の授業で同じ教室の子どもや、兄弟は同じ班にならないようにします。8～10人で1班、そこに大人のリーダーが1人つきますが、手とり足とり助けたりはしません。子どもは親元から離れ、1人も知りあいがいない班で、やせ我慢と葛藤を繰り返しながら**「生きる」ために助けあうしかない**のです。

普段、親になんでもやってもらっている子は、最初は何もできません。だから少し年上の子どもたちは、自然と年下の子どもの面倒を見るようになります。

年下の子どもたちは年上のお兄さん、お姉さんを見て、「あんなことができるなんてカッコいい」と手本にしてまねをし、「あんなお兄さん、お姉さんになりたい」と、目標にしながら、少しずつ自分のことができるようになっていきます。

他人と生活するのですから、一筋縄ではいきません。ぶつかっては泣いて、力を合わせては笑いあう。そういう経験を通して、思いやる心とたくましい心を育み、「親がいなくなっても立派に生きること」ができる自分になっていくのです。

Point

野外体験は、子どもの生きる力を育む場

12

いじめとの向きあい方

4～9歳の時期にはじめて遭遇する人間関係に**「いじめ」**があります。

いじめはいつの時代にもあり、すべてのケースですぐに根本的に解決できる方法はありません。答えは子どもごとに異なり、「これをすれば大丈夫」という特効薬はありませんが、1つの処方箋になることを願って、私の経験をお伝えします。

小学3年生のときのことです。私は、大阪から広島に転校することになりました。大阪という土壌で育ち、笑いに自信のあった私は「広島の子も笑わせてやろう」と、自己紹介のときに〝お笑い〟を披露しました。その瞬間に向けられたのは、冷ややかな目。その後、話しかけてくれる子はおらず、いじめが始まりました。

「言葉がおかしいやつ」「変なやつ」と言われ、友だちになってくれる子はいませんでした。

「友だちできた？」という母の言葉に、「できたよ。〇〇君でしょう。△△君でしょう」と、友だちとは呼べないクラスメイトの名前を並べる日々でした。

転入してから1週間くらいが経ち、母が自転車を買ってくれました。

徒歩で行ける場所にいるのはいじめてくる子ばかりだったので、それからは、隣町まで遊びにいくようになりました。「入れて！」と言えば「いーよ！　ていうかお前誰？　隣町からきたの？　すげーな」と、遊んでくれる友だちができました。自分の町に友だちはいなくても、「遊んでくれる人がいる」「自分を受け入れてくれる人がいる」という経験は、「自分は『全員』から嫌われるようなやつじゃないんだ」という自信をくれました。

そんな日々が1年も続いたころのことです。学校の運動会がやってきました。大阪時代、「走りのけんちゃん」という異名をもつくらい足が速かった私ですが、「生意気だぞ」と言われるのが怖くて、広島に来てからは、学校で本気で走ったことはありませんでした。しかし、リレーの選手決めのときに自分ではゆっくり走ったつもりでしたが、「補欠」に選ばれてしまいました。

そして、運動会の日。なんと、アンカーの子が体調不良でお休みしたので、補欠だった私が「アンカー」で走ることになりました。

速く走っても「嘘つき」とまたいじめられる。遅く走っても「どんくさいな」とまたいじめられる。心は葛藤していました。次々と、ほかのクラスのバトンがアンカーに渡される中、私は最後にバトンを受けとりました。その瞬間、私の耳に、「本気で走らんか！」という声が入ってきました。それは、母の声でした。

無我夢中で走り、ゴールしたとき、「わぁ！」という歓声と、人の波が私に押し寄せました。「お前、すごいな！」と言うクラスのいじめっ子たちにもみくちゃにされ、わけのわからない私のところに、係の人がもってきた旗は「1」。私は気づいていなかったのですが、全員を抜き去り、1位でゴールテープを切ったのでした。

次の日からパタリといじめはなくなりました。「足の速いすごいやつ」として、クラスメイトに認められ、居場所ができ、いじめは終わりました。

いじめられつづけた1年間は苦しいものでした。けれど、振り返ってみると、多くのことを考え、自分なりに頑張りつづけた1年間で、ムダではなかったと思います。

この経験から私が得たことは、**「得意なこと」1つが、自分を助ける**ということ。そして**「何も言わずに見守ってくれる母」**が**「支え」**ということです。

母は、私がいじめにあっていることに気づいていました。隠しとおせていたと思っていたのですが、実は、早々に気づいていたそうです。

「なんで、何も聞かなかったの？」と聞くと、「あんたが何も言わなかったからよ」と言われました。母は、私の「お母さんには知られたくない。心配かけたくない。自分の力で頑張りたい」という気持ちを汲んでくれていたのです。私のことをいちばんに考えてくれた母からの私へのエールが「自転車」でした。

あのとき母から「あんた、いじめられているの？」と問い詰められていたら、いまの私はいないと思います。

わが子がいじめられているとわかったら、親としては非常につらい気持ちになりますが、ここで大事なのは**子どもを執拗に問い詰めないということです。**

「何をされたの？」「誰にされたの？」「いつからなの？」「先生はいなかったの？」といったことを矢継ぎ早に聞くと、それは事情聴取になってしまい、子どもは**「お父さんやお母さんにまで責められている」**と感じてしまいます。

まずはじめに親がするべきことは、子どもを問い詰めることでも、学校に怒鳴りこむことでもなく、**子どもに共感し、受容し、理解する**ことです。

「いじめられた」と言われたら、「つらい思いしているんだね」と受け止めて「話したいのであれば、ちゃんと話を聞くよ」という雰囲気をつくります。どうしても我慢できないようなつらい状況になっていれば、きっと話してくれます。

それ以上話さないようだったら、しばらくはそっとしておきましょう。

ただし、物やお金を盗られていないか、一方的に殴られたりしていないかはその後も注意しましょう。**窃盗や暴力まで加わってくると子ども同士で解決することは難しいので、親から学校に相談します**。相談しただけで終わっては問題が解決しないので、先生と連携し、必ず解決までもっていく粘り強さが求められます。

Point

まずは寄り添い受け止める
エスカレートした場合は大人が対処する

13

「やめてよ」と言える子はいじめられない

静観するしかないとわかっていても、自分の子どもがいじめられていると心配ですし、嫌なものですよね。

なんとかしてあげたい。そう思うなら、お子さんと**「やめてよ」と言う練習**をしてみることをおすすめします。

それというのも、最近の子どもはケンカやもめごとの経験が少ないので、**嫌なことをされたとき、「やめてよ」のひと言が言えないケースが増えています**。そして、それがいじめにつながることもあるのです。

特に4～9歳の子どもは相手がどう思っているのかよく考えずに、遊びのつもりでちょっかいを出したりします。これは相手がどのくらいイヤなのかわからないだけで、本人に悪気がないケースも多いのです。

そのため、はっきり拒絶の意思表示をするだけで終わることもありますが、もまれて育っていない子はこの意思表示ができないのです。

実際にこういうことがありました。花まる学習会の教室に通っていた子どものお母さんが、「うちの子どもが学校でいじめられているようです。先生に預けますので、お願いします」と言ってきたのです。

話を聞いてみると、その子もやはり、イヤなことをされたときに「やめて」とは言っていないようでした。

そこで私は毎日授業が終わったあとに空き教室に行って、そこで「やめろ」と言う練習を一緒にしました。最初は蚊の鳴くような声でしか言えません。

「ダメだよ！　それじゃまたいじめられるよ」「もう1回！」と、何度でも言わせます。少しでも大きな声が出せたら「さっきよりいいよ！　その調子でもう1回言ってみよう」「いい感じになってきたよ」と誉めて繰り返させるのです。

それを続けて1カ月後に、彼はホームルームのときに自分から手を挙げて、「僕は〇〇君にイヤなことをされています。やめてください」と発言できました。このいじめは、彼の意思表示をきっかけにして終息しました。

ですからうちの子はどうもいじめられているみたい……と感じたら、「やめてよ」という練習を親子でやってみることをおすすめします。

Point

いじめを終わらせるためにも「やめてよ」と言える練習をする

14 学校に行きたくないなら、無理に行かせない

私の娘は、中学1年生のときにいじめられていました。

いつも楽しく学校に行っていたのに、「今日は頭が痛い」と言って行かなくなりました。翌日も翌々日も、「頭が痛い」とか「お腹が痛い」と言います。

さすがにおかしいと思ったので、3日目は「行かなくていいよ」と言い、私は仕事を休んで娘と向きあいました。

いじめのきっかけは、同級生がいじめられているのを見て「そういうのはよくない」と言ったことのようです。その発言がきっかけで、いじめのターゲットが娘に移ってしまったのでした。

娘なりに一生懸命ポツポツと話してくれたので、

「いいじゃない、おまえは間違えたことしてないんだから。必ず道は開けるから学

校にも行ったほうがいいよ。行ったほうがたぶん味方も増えるし」とは言いました。でも、翌日も休むと言ったら休めばいいと思っていました。心が折れそうなのに無理に学校に行っても、いじめと向きあう勇気が出ないだろうと思ったからです。

でも、娘は翌日「今日は行ってみるよ」と出かけていきました。「うん、いってらっしゃい」と私と妻はいつも通り見送りました。

いじめに「すべてに当てはまる、絶対に正しい答え」はありません。

いじめられているときに休ませることが正しいとは限りませんし、本人が嫌がるのを無理に行かせるのが正しいともかぎりません。ケースバイケースなのです。

ただ、**「親は自分の味方」**だと思えるようなひと言は大事です。

「今日は一緒に話をしよう」とか「お前だったら、いじめもはね返せると思うよ」とか「お父さんお母さんは○○が大好きだよ」といった言葉です。「家で泣くのはいいんだよ」とか「お父さんにあたってもいいよ」などというのもいいでしょう。

もう1つ大切なことは、その後の経過が気になってもくどくど聞かないことです。子どもの様子を見ていればだいたいわかりますから、無理に言わせることはありません。

わが家の場合も、1年くらい経ったときに、「あのいじめ、どうなったの？」と聞いてみると、「わりとすぐに終わったよ」とケロッとした感じで言われました。

子どもに真剣に伝えるべきことは、「本当につらいときには親に相談していいんだ」ということです。そう伝えることで**「親は自分を拒否せずに受け入れてくれる」という安心感**を子どもに与えることができますし、いじめを克服するうえで支えになれることでしょう。

Point

いじめの対応に正解はないが、親は味方であることは伝える

15 わが子が「いじめっ子」になってしまったら？

幼児期の子どもはよくも悪くも素直ですから、いい子のはずのわが子が「いじめっ子」になってしまうという事態も起こりえます。これは親としては衝撃的ですよね。実際、「先生、どうしましょう。うちの子が○○君をいじめたみたいで」と血相を変えて連絡してくるお母さんもいます。

いじめっ子になってしまったときは、**悪気はないのに結果的にいじめになっているのか、悪意をもっていじめているのか**で、とるべき対応が大きく変わります。

前者は、たとえば無口な子に対して「どうしてしゃべらないの」「声を聞かせろよ」などと言うような無意識のいじめです。これはある意味、本人は相手の子を心配しているのですが、その表現が稚拙なのでいじめとしてとらえられてしまうのです。

でも、このようなケースはそれほど心配することはありません。こういう子は、親や先生が**「他人が嫌がることをしてはいけない」「そんな言い方では、相手が傷つくと注意すればわかります。**

悪意があるときは少し問題で、どうしていじめるのか話を聞いてみると、その子なりにストレスを溜めこんでいる場合が多いです。親から、「ああしなさい、こうしなさい」「あれはダメ、これもダメ」「いつもちゃんとしていなさい」と言われている子どもが多く、そのストレスを外で発散しているのです。

こういうケースではストレスの根本は何かを知り、その原因をとりのぞかねばなりません。親がストレス源のこともあるので、親子で向きあうより、両親とお子さんに加えて学校や塾の先生など、第三者を交えて話しあうことが大切です。

Point

いじめっ子になったときは、悪意の有無を判断する

コラム

10歳以降の子どもたちは、サナギが蝶になるように変化する

幼児期を経た子どもは急に大人になります。男の子でいえば、夏休み前に私のことを「よう、ケンジ！」と言っていた子どもが、夏休み明けには「あ、ケンジ先生、こんにちは」と言うくらい、急に変わります。劇的に大人になるのです。

横並びになって手をつないでいた幼児期は終わり、「もう子どもじゃないよ」とサインを送っているということです。ですから小さい子扱いはやめましょう。

そんな時期に突入したら、親が子どもにしてあげられることは限られてきます。お母さんは子どもが何歳になっても充電器——子どもを癒やす存在——として機能しますが、**お父さんはお母さんの話を聞いて、支えることぐらいしかできなくなります。**

いちばんダメなのは、幼児期に子どもと遊ぶことをせず、尊敬や憧れを抱かれても

いないのに、子どもが反抗的になった途端、慌ててガミガミと説教をすることです。

男の子は「暴力の暴走」に注意！

思春期の子どもはわけもなくイライラします。そしてイライラしたときに最初に当たるのはお母さんです。大好きなのに、身近にいるから当たってしまうのです。

男の子の場合、中学生くらいになると体はお母さんよりも大きくなり、腕力も超えます。だからお母さんを突き飛ばすと、転んでしまいます。

それを見て「お母さんってエラソーだけど弱い」と思ってしまうと、もう制御が効きません。暴力的な感情に任せて好き放題に暴れてしまう子どももいます。

こういうときに父親の存在が重要です。そして、その父親とは、**子どもが無条件に「この人には勝てないな」と思える存在としての父親**です。

だからこそ、「世の中には勝てない相手がいる」ということを、幼児期に教えておくことが大切なのです。幼児期にそれをしてこなかったお父さんも、まだ打つ手はあります。**まずは子どもに関わることです。**一緒に野球をしたり、宿題を教えたり、父親の力強さや賢さを見せつけ、そのうえで、**叱るべきときには毅然と叱りましょう。**

女の子は大人の女性として扱う

思春期に入った女の子は、基本的にお父さんのことを煩わしく思います。積極的にコミュニケーションをとろうとする子どものほうがまれで、父親を無視したり、よそよそしくなったり、不機嫌な態度をとったりすることも多々あります。反抗期であるのに加え、父親を異性として意識するからですが、成長過程に必要な経験の1つで、悪いことでも間違ったことでもありません。

思春期の女の子の場合、お父さんができることは「見守る」ことだけです。この時期に無理に父親が近づこうとすると、よけいに嫌われてしまいます。**「信じている」というスタンスで、よき理解者に徹するしかない**と思います。

ちなみに私の娘は、いま高校生です。「今度の日曜日、出かけるんだ」と言われたら、「誰と？」「どこに？」と聞きたい気持ちもあります。でも、そこは我慢して、「気をつけて行ってきなさい」と答えるんです。

逆に娘のほうが、「誰と行くのか聞かないの？」と不思議そうにしているので、「信じているから大丈夫だよ。困ったことがあれば言いなさい」と答えておきます。

このように、**「無関心だから聞かないのではなく、信頼しているから聞かないのだ」ということを、さりげなく伝えるといい**でしょう。誰とどこに行くのかは、お母さんがフォローしておいてください。

1点、女の子をもつお父さんに、同じ女の子をもつ父としてアドバイスがあります。私もずっと、娘が思春期になったら「お父さん、臭い」とか、「話しかけないで」とか、一緒の空間にいることさえ嫌がるレベルで嫌われるのではないかと、ドキドキしてきました。

しかし、実際は娘が私を避けることはあっても、嫌いになったりはしませんでした。

「おかしいなぁ、世間一般には、父親は嫌われてしまうらしいのに、なぜそうならないのだろう。もっと激しい反抗期がこのあと来るのだろうか」と、いろいろ考えました。答えは、娘との会話の中にありました。小さかったころの話をしたとき、娘がこう言ったのです。

「仕事ずっと忙しかったのに、たまにしかない休みの日に公園で遊んでくれたよね。あれって本当はすっごく眠かったよね」「帰りが遅かったのに、幼稚園の送りはいっつもお父さんだったよね。幼稚園に寄ると、会社まで遠回りだったよね」

娘は、幼いころは「当たり前」だと思っていたことが、実は親にとって大変なことだったと理解し、大変だからと厭わず、自分のことを思って頑張ってくれたことも理解したのです。そして、感謝や尊敬の念を父親としての私に抱いてくれたのでしょう。だから避けることはあっても嫌いにはならない、いえ、嫌いにはなれないのです。

女の子に理想の男性像を聞いてみると、本人が意識していなくても父親に似ていることがあります。そういうイメージはたいていの場合、幼児期にクタクタになるまで遊んでもらった記憶が影響しているのではないでしょうか。

私は本書の中で、子どものそのときどきを、「○○期」と分けて説明していますが、一生は途切れることなく続きます。つまり、それは、お父さんの愛もお母さんの愛も、途切れることなく、いままでも、いま現在も、そしてこれからも、大きくなっていく子どもにつながっていくということです。子への親の愛は一生ものです。

第3章

家庭でできる！
子どもの「学力」と
「知性」の伸ばし方

01

学力と知性を伸ばすには……？

第1章、第2章と、子どもが生きていくうえで必要な「生きる基礎力」を伸ばすために親ができることを中心にお話ししてきました。

第3章では、子どもの「学力」と「知性」を伸ばすために、4〜9歳の幼児期のどんな特性に気をつけたらよいか、どんな声がけが有効か、家庭でできることは何かを、お伝えしていきます。

お父さん、お母さんからの勉強にまつわる相談の1つに、「勉強を始めても5分もするとソワソワしはじめて、集中力が続かないんです」というものがあります。

これは、9歳くらいまでの子どもは体が未発達で、血液の循環が大人のようにスムーズではないため、ときどき体を動かして血の巡りをよくする必要があるためです。

実は子どもの発育上、「じっとしていられない」のは仕方がないことなのです。

それが親からすると「うちの子は宿題もしないでなんだかソワソワ落ち着きがない」ということになってしまいます。

確かに、落ち着きがなく、言われないと宿題をしない子どももいます。

それは、じっとしていられないのに加えて、子どもは「忘れる生きもの」だからです。自分の興味があること以外は忘れてしまう。仮に宿題を思いだしたとしても、じっと座っていられないので、結果として、宿題ができていないということになってしまいます。

こういう場合の解決法は、**大人がきっかけをつくってあげること**です。

宿題があることを忘れている子には「宿題の時間だよ」「明日の時間割の準備をして」など、**思いだすきっかけになる号令をかけてあげます。**

ソワソワ落ち着かないのであれば「動きたい」というサインですから、「外でダッシュ1本してから勉強しよう」と、落ち着いて勉強に入れるようなきっかけを与えてあげるのです。

「5分も勉強するとソワソワする」とわかっているなら、5分ごとに「ハイ！　そこまで」と言って伸びをさせ、「次に行くよ」と改めてスタートの号令をかけてあげるのもいいでしょう。ずっとつきっきりでいるのが難しければ、タイマーをセットして、「タイマーが鳴ったら次に行く」というきっかけにしてあげればいいのです。

またこの5分間は集中しているのですから、**子どもに集中力がないわけではありません**し、この5分間の集中を何度も繰り返すことによって持久力がつき、もっと長い時間集中できるようにもなっていくことでしょう。

Point

きっかけを与えることによって、子どもを伸ばすことができる

02 何度言っても聞かないのは、本当に聞こえていないから

「叱らないで、具体的な指示を出してあげてください」と私が言うと、「だって先生、何度言っても聞かないから怒っちゃうんですよ」とおっしゃるご両親も多いのですが、これもまた、幼児期の子どもにはよくあることです。

というのも、この時期の子どもはわざと聞かないのではなく、**遊びやテレビに集中しすぎると親の言葉が聞こえなくなってしまう**のです。

4〜9歳の幼児期の子どもは好きなことには驚くほど夢中になります。その夢中になっているときに、たとえば「ご飯だよ」と言われても返事はできません。なぜなら聞こえていないからです。

親としては、絶対に聞こえているはずの大きな声で何度も言っているのに子どもが

振り向きもしないことにだんだん腹が立ってきて、ついには「さっきからご飯だって言ってるじゃない！」と怒鳴ってしまいます。

ところが、子どもからしたら「突然、お母さんが怒った顔で自分を見ている」とびっくりなのです。お母さんにとっては**「聞こえているはず」の声も、夢中になっている子どもには聞こえていない**のです。それが続くと「ぼくは悪いことをしていないのに、お母さんはいつも急に怒りだす」と、子どもがとまどうようになってしまいます。「だからお母さん嫌い」ということにもなりかねません。

そうならないためにも「何度言っても聞かない」ときは、**怒鳴るよりも近づいて背中をポンポンと叩いて**「ご飯だよ」と声をかけるようにしましょう。こうすれば、どんなに集中していても気づきます。つまり、**音で合図してダメなら、ほかの方法で合図を出す**のです。

「声でダメなら触る」。ぜひ覚えておいてください。

Point

言ってダメなら触って合図を出す。決して怒らない

03

教えるときは子どもと同じ方向を向く

「うちの子、どうも漢字が苦手で」という相談も、とても多いものです。

特に小学校低学年・中学年は漢字の書き順に関する問題が、テストでウエイトを占めることもあります。常用漢字を覚えなければならないためですが、ここでつまずく子も多いので、親としては確かに気になるでしょう。

でもじつは、これも教え方の工夫で解決できます。それは、教えるときは**「子どもと同じ方向を向いてやってみせる」**ということ。

たとえばボタンの留め方を教えるとき、子どもの正面に立ってやってみせていませんか？　しかし、それでは**手の動きが左右逆になるので、子どもにはわかりにくい**のです。

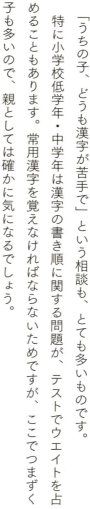

そんなときは後ろに立って、子どもの手に自分の手を添えて教えれば、どのようにボタンやボタンホールを掴むのかが、子どもにもすんなり伝わります。

私が花まるの教室で教えるときもこのルールは守っています。

子どもたちの答案にマルをつけるときや、字の書き方を教えるときなどは、必ず子どもの後ろに立って教えます。漢字の書き順を教えるときは後ろから手を伸ばして、実際に漢字を書いてみせるわけです。対面では絶対にやりません。

また、そのときに後ろから**「上手だね」とか「ここはできているね」と声をかけると、子どもはすごく安心します**。

同じ方向を見ながら教える、というのは、わかりやすさという意味でも、安心感を与えるという意味でも大事なのです。

Point

何かを教えるときは子どもの後ろに立つ

教えるときは後ろから

子どもに何か教えるときは
「同じ方向を向く（後ろから）」がポイント

04

食事中にテレビをつけない

食事中にテレビをつけてはいませんか？　これは今日からやめてください。**「ご飯のときはテレビを消す」というルールを決めて、徹底しましょう。**

それというのも、**4～9歳の子どもに2つのことを同時にさせるのはよくない**のです。ただでさえ集中力が長くは続かない時期です。2つのことを一度にする習慣がつくと、どれも中途半端になってしまい、その癖がずっと抜けないのです。

「テレビを見ながら洋服を着替える」「テレビを見ながら宿題をする」というのも同じです。**どれか1つに集中させましょう。**

本来、食事中は食べた量や会話の弾み方で、子どもの健康状態を把握するチャンスです。それなのに会話もなくテレビを見るのは残念なことです。

食事中は家族の話題や学校や部活の話など、「きちんとした会話」をしましょう。そうすることで国語力やコミュニケーション力が身についていきます。

中には、「子どもと何を話していいのかわからない」という人もいるかもしれませんが、話題はなんでもいいのです。私は、学校や部活について「最近どう？」と聞くこともありますし、社会的な出来事について話題を振ることもあります。

たとえば、「難民問題って知っている？」と聞くと、「知っている」と答えることもあれば、「知らない」と答えることもあります。興味がありそうならその話題を続けますし、興味がなさそうなら話題を切り替えます。興味のないことを無理に説明しようとすると、子どもが嫌がるので注意が必要です。

ちなみに、テレビを見ながらご飯を食べたり宿題をしたりすると、姿勢が非常に悪くなります。その意味でも「テレビを見ながら」はおすすめしません。

Point

食事中は国語力を伸ばし、知識や興味を増やすチャンス

05

「勉強しなさい！」で勉強する子どもはいない

「うちの子、勉強しないんです」という悩みもよく聞きます。

じゃ、どうしてるんですか？　と質問すると「勉強しろって言ってるんですけどねえ」と苦笑い。はっきり言います。**それでは、絶対に勉強しません！**

子どもは、親の態度や行ないをよく見ています。親が、「いろいろなものに興味をもつ」「本を読む」「社会情勢についてチェックする」「知らないことをすぐに調べる」といったことを日常的にしていれば、子どもは自然とその姿勢をまねします。

お母さんは読書が嫌い、お父さんは新聞を読まない、テレビといえばお笑い番組。「これってどうして？」と聞いても「お母さんは忙しいから、あとにして」「お父さんはわかんないなあ」と生返事。これでは、子どもが勉強しようと思うわけはありません。

子どもに勉強してほしかったら、親がその姿勢を見せましょう。

辞書をひいてみせると子どもが「勉強」に憧れる！

では、何をすればいいのかというと、すごく簡単な方法があります。幸い、幼児期の子どもは探究心旺盛です。「どうして空は青いの？」というような素朴な疑問を発するのがこの時期です。そんなときこそチャンス、「どうしてかなあ？　わかんないから、調べるね」と、**辞書や百科事典をひきましょう**。

子どもは「わからないことを調べられるあの本すごい！」「調べて答えを教えてくれるお母さんすごい！」と感動し、辞書や勉強する姿勢に憧れます。

それを何度か繰り返せば、「あの素敵なことを自分もやりたい」と、自然とわからないことを調べる習慣が身につくでしょう。

Point

「学ぶ」は「まねる」から。子どもの前で親が辞書をひきましょう!!

06

会話の中で、話の要約の仕方を学ばせる

いま、入試でも傾向として子どもの説明能力を問う問題が増えています。説明が上手にできるということは、他人の立場に立ってものを考えられる、**思いやりの心があることの証**だからです。

でも、説明することは、幼児期の子どもにとっては難しいことです。子どもはわーっとしゃべるけど、大人には何を言っているのかさっぱりわからない、ということもよくあります。この時期に自分の考えをきちんと伝える訓練ができている子は、その後の伸びも顕著です。

子どもの説明する力を伸ばすには、家庭で会話をする際、**親が「要約」をしてみせてあげることが大切**です。

「ねえねえ聞いて！ 今日、金魚の水槽の水を入れ替えて、水草も入れ替えて、えさやりまでできたから先生がすごいね、えらいねって言ってくれて……」と子どもが言ってきたときには、「つまり金魚のお世話が立派にできて、先生に誉められたんだね」と、要旨をまとめてあげるのです。

そうすると、「あ、そうか。ぼくはいまそれを伝えたかったのか」と、子ども自身が「話をまとめること」を意識するようになり、要約する力がついてきます。

それから、子どもが上手にまとめて話ができたら、「いまの話、すごくわかりやすかったよ」などと、どんどん誉めてあげましょう。

子どもが独創的なことを言ったときは、「それはあなたの中にしかない言葉だね、素敵だね」と言って誉めます。そうすると、その言葉が子どもの語彙《ごい》にストックされていきます。

Point

子どもの話を、親が一度まとめてみせる

07

「読み聞かせ」はやっぱり大切！

子どもが小さいうちは、読み聞かせをすることがよくあります。読み聞かせや音読は、花まる学習会でも重視していて、授業にも組みこんでいます。読み聞かせをすることで子どもは本を読む習慣を身につけることができますし、本に感情移入することで想像力を養うことができます。

ご両親からの質問で多いのは、「読み聞かせはいつまですればいいのですか？　そろそろ自分で読ませたほうがいいですか？」というものです。

しかし、一人ひとりの子どもの成長には差があるので、**自分でタイミングを決めさせればいい**のです。読み聞かせを続けていると読書の楽しさがわかり、「お母さん、今日は自分で読む」と言いだすことがあります。そのタイミングでいいのです。

「もう3年生だから、今日から自分で読みなさい」などと言って、親が勝手に決めてはいけません。

また、**お母さんの声には子どもを精神的に落ち着かせる効果があります。**

高校2年生の女の子の話なのですが、急に「お母さん、本を読んで」と言ったそうです。お母さんは「何かあったんだろうな」と思いながらも、何も聞かずに本を読みました。子どもも、「ありがとう」と言っただけでした。

あとで聞いてみると友だちとの間でトラブルがあって、少しイライラしていたそうです。でも、お母さんの声を聞いて落ち着いた、ということでした。そういう効果があることも覚えておいてください。

「子どもが本を読まないんですけど」という相談も多いですね。しかしこのような場合、両親が本を読んでいないケースが多いです。勉強する姿勢と同じで、**「両親が本を読んでいる姿を子どもに見せる」**ことで子どもも読むようになるでしょう。

Point

読書は百利あって一害なし！　読み聞かせは子どもの求めに応じよう

08

雨の日は室内でできる「単位遊び」で勉強する

雨の日、外で遊べない子どもと、ただテレビを見て過ごすのはもったいないです。室内で頭をフル回転させて遊びましょう。私のおすすめは**「重さや長さをはかる」単位遊び**です。せっかくなので、子どもが授業でつまずきやすい単元を「モノそのもの」を使って、「遊びながら」身につけようというわけです。

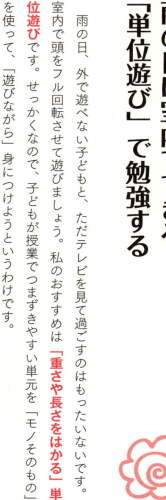

それというのも「1キログラムはなんグラム?」「1メートルはどのくらいの長さ?」と聞いたときに、実体験がない子はなかなかイメージできません。数字の単位や感覚をこの時期に養っておくことは、算数・数学の習熟度を高める点でも大切です。

やり方は、「これはなんグラムだろう?」と、卵やお皿など、身近な物の重さを予測して、実際にはかってみます。そうすることで重さを感覚として理解できます。単位を覚えるには未開封の「1キロ」などと表記されている小麦粉や砂糖を「なんグラ

雨の日は部屋で「単位遊び」がおすすめ！

「はかり」がなくても、1kgの小麦粉を500mℓのペットボトルに移し替えると何本分？ という方法でも遊べます

ムだと思う?」と予想させ、実際にはかります。2リットルのペットボトルの水を、500ミリリットルのペットボトルに移し替えてみたりしてもいいでしょう。特別な道具を必要としないので、子どもとの遊び方がわからないというお父さんにもおすすめです。

ポイントは、あくまで遊びとして行なうことです。「今日はお父さんとはかりで遊ぼうぜ」と誘うと、子どもはすごく喜びます。

空間認識力がアップする「推理」ごっこもおすすめ

同じく室内でできるもので、**「写真から推理する」**という遊びもあります。これは**図形問題を解くときなどに必要な、空間認識力を高める遊び**です。

遊び方は簡単で、家族の中の1人が家の中の1カ所の写真を撮ります。そしてほかのみんなが、それがどこなのかを当てるのです。

私がよく撮影したのはドアノブのアップや、塩のフタのアップ、真下から撮影した水道の蛇口などです。アップにしたり、普段目にするのと違うアングルから撮ったりすると、子どもはだいたいわかりません。でも、写真の中にちょっとだけヒントを入れるのです。すると、「ソファが写っているから、こっちから撮っているよね？」と推理をして、だんだん答えに近づきます。

これを繰り返すと、空間認識能力を養うことができます。

また、１枚の写真で家族全員が楽しめるという点でもおすすめです。

子どもが「次は自分が撮りたい」といえば、もちろんやらせましょう。子どもが撮ったものは非常にわかりやすいのですが、参加している家族は全力で正解を考えます。１、２秒で当てたっていいのです。「わざと負けてあげる」ことはしないでください。「正解をすぐ当てられた」とくやしく思った子どもは、難しく撮影しようと前からだけでなく後ろから見たり横から見たり、一生懸命考えます。ここでも空間認識能力が鍛えられるのです。

Point

室内遊びは、遊びながら学べるチャンス！

09

「曖昧な言葉」で呼びかけると、自分で考える子になる

お父さん、お母さんに聞きたいのですが、家で「電気消して」「お箸出して」と何気なく、すべての手順を指示していることはないでしょうか？

たとえば「ご飯だよ」と子どもを呼びにいく、子ども部屋は空になるので、電気を消さないといけません。でも子どもがそれを思いつくのを待たず、「電気消して」と言ってしまう。「ご飯を食べる準備を手伝って」と頼むとき、何を準備したらご飯が食べられるか、子どもが考えて動きだす前に「お膳拭いて、お箸出して、おかずもっていって」と、1から10まで指示を出してはいないでしょうか。

これでは**自分で考えて動けない「指示待ち人間」を生みだしてしまいます**。

私は野外体験で子どもがわーっと外へ駆け出そうとするときにひと言、「好きなだ

け遊んでいいよ。でも、今日はご飯も自分たちでつくるんだよ」と言っておきます。

子どもたちは外で遊びますが、暗くなってくると「やばい、ここ電気ないよ」「ファイヤー、自分でご飯つくるって言っていたよね？」「外が明るいうちじゃないと、ご飯が食べられないよ」「それどころかつくれないって」と、自分たちで気づきます。

このように、**子どもたちに自発的に考えさせることが重要**なのです。

家庭ではついつい指示しがちですが、そこをぐっとこらえ、「ご飯を食べる準備をして」といった**「曖昧な言葉」で呼びかけてみてください**。食卓に並んでいるおかずを見たら、食器は何が必要か、考えればわかるはずです。わかっていないようなら「今日はカレーだからお箸じゃなくて何？」と聞いてあげて、それでもわからなければ、そこではじめて「スプーンでしょ」と教えてあげましょう。

そうやって「自分で考えて動く」経験を積み重ねることによって、イレギュラーな事態が起こったときにも、**臨機応変に動く子になれる**でしょう。

Point

「次にすること」を具体的に指示しない

10 子どものスケジュールを親が立てない

野外体験では、あまりきっちりとしたスケジュールを組みません。

そうすると、何組かのご両親が「しっかりしたタイムスケジュールを出してください」とおっしゃるときがあります。よく聞くと「うちの子は6時半に起きて20時に寝ています。放課後は16時にサッカー、18時に夕食、19時にお風呂と、毎日のスケジュールを決めています」と言うのです。だから野外体験も「9時から○○、12時から××」ときっちり決まっているほうが安心なのでしょう。

でも、人生や社会や会社は、スケジュールなどあってないようなものです。会社勤めをしていれば、いきなり上司から「これをやれ」と言われることもあります。自分が立てたスケジュールなんてすぐに覆され、また新たに立て直さなければならなくなるわけです。

だから、子どものスケジュールを親が決めてあげる必要はありません。自分で管理するようになれば、子どもは自分なりに工夫します。

たとえば野外体験で「13時からここで遊ぶよ」と言ったとして、その前の時間は「昼食」としか決まっていないことがあります。

すると、「みんなで準備を手伝えばご飯が早く済んで、遊び時間が長くなる」と気づく子どもがいます。それだけでなく、全員でやるのは効率が悪いとわかると、子どもたちが自主的に分担を決めだします。さらに、「オレ、準備できた」と言う子に、「君1人だけできても、何も変わらないよ？」と言うと、「じゃあ、ほかの子を手伝う」と気づきます。

このように、時間管理1つをとっても、子どもに自分でやらせれば**「そこに工夫の余地があること」「工夫すればそれが自分に返ってくること」**が体験できます。

反対に、親が先回りしてなんでも決めてしまうと、子どもは、**お父さんお母さんがなんでもしてくれるから、大人に言えば解決する**と思ってしまいます。

たとえば、真夏の野外で鬼ごっこをしているときに、「暑いんですけど」と言ってくる子どもが、本当に増えました。真顔で「ちょっと何とかしてよ」と言うのです。

夏に暑いのは当然で、私にだってどうしようもないことですが、まさに「大人に言えば解決する」と思っているのです。

子どもには、そこから脱却してもらいましょう。それにはお父さんお母さんの協力が必要です。子どもが何かを訴えてきたら**先回りして解決するのではなく、「じゃあ、どうすればいいと思う？」と問いかけましょう**。すると、子どもなりに考え始めます。子どもが解決策を考えついたときにはそれを認め、一緒にやってみてあげましょう。

その繰り返しの中で、子どもは自力で問題を解決できるようになっていきます。

Point

自分の時間は、親ではなく、自分で管理する習慣をつけさせる

11 子どもの役割を決めるとやり遂げる力が身につく

学力を伸ばすには、「やり遂げる」力をつけることも大事です。幼児期の子どもにとって、勉強は必ずしも楽しいことばかりではありません。私たち大人が、楽しく学べるように工夫する必要もありますが、宿題など「やるべきこと」は、たとえ楽しくなくても頑張ってやり遂げなければなりませんし、放っておいて身につくものでもありません。

その、やり遂げる力を伸ばすには、家事の1つを子どもの分担にして、**「これはあなたの仕事だから」と役割を決めることが有効**です。家事の内容は「新聞をとってくる」「食事の前に食器を並べる」など、簡単なことでかまいません。

私は上の娘に、「お風呂洗い」を担当させました。そうと決めたら、37度くらいの微熱があってもさせました。そのときは娘が「お父さん、今日はお風呂洗わなくていい？」と言ってきましたが、「いや、君が洗わないとみんなお風呂に入れないんだよ」と答えました。

もちろん代わりにやってあげるのは簡単ですが、「いいよ」と言って済ませると、ただの「お手伝い」になってしまいます。そうではなくて、**「責任ある役割を分担している」という意識をもたせることが重要**なのです。「大切な仕事を、君を信頼して任せているんだよ」というメッセージです。

だから、娘が「無理だよ」と言ったら、「じゃあ、今日はみんなお風呂に入らないから」と返す。親がこのくらいの態度をとることで、「自分の役割」に対する責任感が生じ、「やらなきゃ」というやり遂げる力が身につくのです。その代わり、親も自分の役割を責任をもって遂行せねばなりません。私も自分がお風呂を洗う役割だったときは、インフルエンザでフラフラでもやり遂げました。

Point

家事を分担し、仕事として任せることで「やり遂げる力」が育つ

12

結果ではなく過程を誉める

子どものいいところを見つけて誉めることは大切だと、何度も言いました。誉め言葉が子どもに刻まれ、正しい意味での「自信」や「自己肯定感」が育つからです。

でも、1つだけ注意したいことがあります。それは「誉め方」です。「テストでいい点をとったね」などと、結果だけを誉めるのはあまりよくありません。

お子さんを誉めるときは、過程を誉めることを意識してください。

「この問題は前にできなかったけど、今回はできるようになったね」と誉めれば、子どもは親に見守られていることを実感します。

「いつも姿勢が悪かったのに、よくなったね」と言えば、見守られている安心感とともに、これからもつねに姿勢をよくしようと意識するようになります。

それから、何度も言いますが**誉め惜しみはしないでください**。

字を上手に書けない子どもが、「あいうえお」と書いていて、その中で1つだけきれいに書けた「あ」を見つけたら、その文字に花まるをつけて誉めていいんです。「ほかの字は上手じゃないのに、1個誉めたらつけあがる」なんて心配する必要はありません。「ああ、きれいだね。こんな形のいい『あ』は久しぶりに見るな。うまくなったね」と言ってあげましょう。すると、次からはほかの文字も、すごくきれいに書こうと意識するようになります。「下手だから書き直しなさい」と言うよりも、ずっと上手に書けるようになるのです。

なかなか上手にならなくて、誉めるところがないように感じても誉めてあげてください。**下手なこと、苦手なことがあっても、4~9歳の幼児期に誉めればどんどん得意になります**。

字が下手な子には「お父さんは、お前の書く『み』が大好きだぞ」と言ってあげましょう。お子さんはどんどん字がうまくなるはずです。

Point

誉めるときは過程を誉める。誉め言葉は惜しまない

13 マイナスの言葉で評価をしない

子どものしたことに対して**「マイナスの言葉」**で評価してしまうことはありませんか？　なんの気なしに言っているのはわかるのですが、今日からは**絶対言わないようにしてください。**

マイナスの言葉とは、「残念だね」「やっぱりできなかったね」のような言い方です。

実際に、花まるの野外体験で釣りに出かけたものの1匹も釣れずに帰ってきたとき、子どもに「1匹も釣れなかったんだね。参加費をドブに捨てたようなものだね」と言ったお母さんがいました。2泊3日の川遊びに参加して3日とも雨だったときも、「残念。行った意味がなかったね。お金を返してほしいわ」と言ったお母さんもいました。

こういう、子どもの努力や途中の過程を評価せずに結果だけを気にする発言は、マイナスの言葉の最たるものです。そう言われた子どもはどんな気持ちになるでしょう？「お母さんががっかりしてる」「お母さんをがっかりさせるならもうしない」と、チャレンジに対して後ろ向きになってしまいます。

雨が降ったのはその子のせいではありません。魚が釣れる釣れないは時の運です。たくさん釣れることが重要ではありません。**自分で考えて、工夫する。その過程が子どもにとっては大きな学び**ですし、友だちと泊まりがけで川で遊んだり、釣りをしたりすること自体が五感を刺激する、楽しい遊びなのです。たとえ釣れなかったとしても、子どもは多くのことを学んでいます。それを認めてあげてほしいのです。

釣れなかった子どもは、帰りのバスの中でかわいそうなくらい落ちこんでいます。でも、迎えにきたお母さんが、「釣れなかったの？　大丈夫よ、釣れるまで何回でも行こう」と言っただけで、子どもがパッと顔を輝かせるんです。親の言葉は、子どもにとってものすごい影響力をもっていることを意識してください。

Point

子どもの行動に対して、否定的な感想は絶対に述べない

14 「ケンカをしちゃダメでしょ」と止める必要はない

子どもがケンカしそうになると、「ケンカをしちゃダメでしょ」と止めてしまう大人がいます。

大人の感覚で、「話せばわかる」と思っているのかもしれませんが、現実の子どもの世界にはぶった、けったのケンカがあり、子どもなりのルールがあります。たとえば「爪を立てない」「目を突かない」「噛まない」「股間を狙わない」といったことは最低限のルールです。お母さんに止められてケンカを経験しないまま大きくなった子どもは、「ケンカの仕方」を知りません。だから、高学年になってはじめてケンカをしたとき、それこそ股間を蹴ったり目を定規で突こうとしたりして、相手の子に大怪我を負わせてしまったりするんです。

繰り返しますが、成長過程で多少のケンカは必要です。ケンカを事前に止めていたら、相手の痛みがわからない子どもになってしまいます。

だから「ケンカはしちゃダメ」と止めるのではなく、子どもには**「ケンカをしたらちゃんと仲直りをしなさい」**と言いましょう。

子どもが教室で1対1でもめていたら、私は止めずに見ています。

ただ、ほかの子どもには邪魔なんです。だから、「君たち、ジャマ。向こうでやってきて」と、首根っこを掴んで教室の外に連れていきます。そして「ケンカは悪いことではないけど、いまはジャマだから。仲直りしたら帰っておいで」と言います。しばらくすると、スッと2人で帰ってきます。たいてい「仲直りしました」と報告に来るので、「いや、報告しなくていいよ」と答えます。仲直りしたかどうかは、教室に戻ってきた2人の様子で十分わかりますからね。

4〜9歳の子どもは忘れっぽいので、完全燃焼したあとはいつもどおりです。最低限のルールを守ったケンカで完全燃焼させ、多くのことを学んでもらいましょう。

Point

ケンカは止めるのではなく、完全燃焼させる

15

小さなけがから守らない

普段、親に守られて暮らしている子どもは、火傷《やけど》をするからとライターやマッチに近づかせてもらえず、けがをするからとナイフや包丁に触らせてもらえません。

いまや、コンロもＩＨの時代になり、「火」を見るのは、お誕生日ケーキの上に揺らめくローソクだけ、なんてことになってしまいました。

それはすなわち、**「火の怖さを知らない」**ということです。

小さな火でも、燃え移るとすぐに大きくなるし、下手をすると火事になってしまう、という感覚が理解できません。もしかすると火が熱いことさえ知らないかもしれません。だから、火の怖さを肌で感じられるように、子どものころにちょっとくらい火傷《やけど》をすることは悪いことではないと私は考えています。

「火は熱いもので近づけば火傷をするし、紙に移ればすぐに大きく燃えあがるし、人に燃え移ることだってある」ということを、幼児期に、「正しく」身につけることができれば、ふざけて火を使うことはないでしょう。

ナイフも同じです。けがを怖がってお子さんに使わせない親が多いですが、それでは**刃物の危険性も利便性も理解できません**。

野外体験では火も使いますし、子どもたちにナイフで木を削って箸などをつくらせます。もちろん手を切る子どももいます。しかし、それは「いい経験」です。「ナイフで切ると出血するし、痛い」と実感すれば、刃を出しっぱなしにして放置することはありません。まして**人に向けたり、人を刺したりすることもない**でしょう。

親が先回りしすぎると、大切なことを知らないままに大人になってしまいます。

ちなみに、お母さんは、子どもに痛い思いや危ないことをさせたくない、と思いがちです。こういう「一見危ないこと」こそ、お父さんが「鉛筆の削り方を教えてやるよ」などと子どもを誘い、一緒に経験する役目を買って出てはどうでしょうか？

Point

危ない体験こそ、父と子どもでチャレンジする

16 汚れて遊ぶ楽しさを親子で体験する

前項でナイフや火の扱いを教えるのは「お父さんに……」とお話ししましたが、同様に、ぜひお父さんに子どもと体験してほしいことがあります。

それは**「汚れて遊ぶ」**ということです。

野外体験の行き先は雪原や渓流だったりするので、地面や草の上に直に座ることもしばしばです。そんなときに、**「汚い」「汚れる」と言って草の上に座れない子どもが最近すごく多い**のです。

「布団を外に干して、ばい菌がつかないんですか」と聞いてきた子どももいました。中には病的に潔癖症な子もいますが、単に、**「自分の家以外の場所はきれいじゃない」と暗に教わっている子が多い**ように思います。

「汚いでしょ」とつり革を触らせない。草の上に座らせない。そういうことが繰り返されると、子どもは、草は汚い、電車は汚い、家以外は全部汚い、と覚えてしまうのです。

実際、野外体験に初参加する子のご両親からは「トイレは洋式ですか?」という質問も多いです。和式が使えないというよりも、「和式は汚い」と思う心が働くようです。野菜の収穫をすると話すと、「その場でその野菜を食べるんですか? ハウス栽培ですか? 屋外の畑だと虫とかついてますよね?」と聞いてきたお母さんもいました。

こういうふうに、お母さんは子どもを心配するあまり、徹底的に汚いものを遠ざけがちです。でも、外に出たら多少汚いところだって歩かないといけませんし、多少の汚さに負けてしまう体力や免疫力では、すぐに病気になって倒れてしまいます。汚いものを避けつづけていたら、家から一歩も出られません。だからこそお父さんが「草の上をはだしで走ると気持ちいいね」「泥まんじゅうをつくると楽しいね」と、**外で汚れる楽しさを一緒に体験して教えてあげてほしいのです。**

Point

外で汚れて遊ぶ楽しさは、お父さんが子どもとわかちあう

コラム

携帯電話には、どう向きあう？

ここ何年か、ご両親からの相談で増えているのが「携帯電話をどう使わせたらいいですか？」というものです。たとえ子どもが小学生でも、塾に行ったり遠くの学校に通っていたりすると、携帯電話をもたせる家庭が多くなっています。

子どもの携帯電話の使い方については皆さん悩まれるようですが、大事なのは、携帯電話を与える前にルールを決めておくことです。

高校生の私の娘も遠くの学校に通っているので携帯電話をもたせていますが、渡す前に「ご飯を食べるときには絶対に食卓に置かない」と約束させました。でも一度、食事中に友だちからLINEのメッセージが届いて、彼女がそれに返信したのです。

私は、「うちはこういうのは絶対に許さないって言ったよね。約束どおり捨てるからね」と言ってとりあげました。3日くらい預かっていましたが、娘が泣きながら「もうしない」と謝ってきたので「十分わかったと思うから返すよ」と言って返しました。

それからは、彼女が食事中に携帯電話を使うことは一切なくなりました。

これは**与える前に約束することがポイント**で、与えてからでは「あと出しジャンケン」のような感じになってしまってよくありません。

子どもが携帯電話を自分の裁量で使っていい範囲（電話は誰と、何時間までならいいのか？　メールはどうするのか？　アプリやウェブは使ってもいいのか？）**を事前に親がシミュレーション**し、必要ならブロックなどの設定をかけたうえで「絶対に守らないといけないルール」を事前に決めましょう。

そして決めたルールを破ったときは厳しく接してください。

第4章

こんなときどうする？
花まる学習会式
子どもの困った！　解決法

第1章から第3章にかけて、「親がいなくなっても立派に生きているように子どもを育てる」ということをテーマに、そのために大切なこと、子育ての仕方、具体的に何をしたらよいかなどを紹介してきました。

私に寄せられるお父さん、お母さんからの悩みや相談ごとを思いだして書いてみたつもりですが、まだまだ「こんなときどうすればいいの？」という悩みは尽きないと思います。

そこで第4章では、花まる学習会に多く寄せられる悩みごととその解決法を、Q&A形式でご紹介します。参考にしてください。

Q1

6歳の息子の友だちがちょっと悪い子です

6歳の息子は素直な、いわゆる「いい子」です。担任の先生からも真面目で授業態度もよく、活発ないい子だと誉められます。

でも、そんな息子が幼稚園から仲よくしている同級生のY君は、少しどうかと思う子どもなのです。わんぱくといえば聞こえはいいですが、友だちのおもちゃを壊したり、同級生の女の子をいじめたり。お父さんはおらず、お母さんだけで子育てをしていて、しつけもあんまりされていないようです。そんな子とつきあっていると、うちの息子まで悪い子の仲間入りをしないか、心配です。

A1

お子さんの大切な友だちを否定する親として、いちばんやってはいけないことです！

子どもに向かって、その友だちのことを悪く言う親がいます。

「あそこはシングルマザーだから」とか「親がなんの仕事をしているのかよくわからないから」とか「あの子は不良だから」といった理由をあげて、「○○君とつきあうのをやめなさい」と言っているのを聞くことがあります。

しかし、子どもの立場で考えてみましょう。自分の好きな友だちを否定されるというのは、非常に悲しいことです。

大好きな友だちを大好きな両親に悪く言われること自体が悲しいことですが、親が「あの子と遊んではいけない」と言うことは、**「あなたのことを信用していない」というメッセージにもなってしまう**のです。

中には、本当に素行が悪くて心配になるような友だちもいるかもしれません。

そのようなときは、一方的に「ダメだ。つきあうな」と言うのではなく、まずは**子どもに率直に聞いてみる**ことが大切です。**「○○ちゃんと友だちだよね？　お父さん（お母さん）は心配なんだけど、どんな子なの？」と聞けばいい**のです。

そうすれば、「みんなは悪く言うけど、私にはすごく優しいよ」とか「ぼくをかばってくれるんだよ」とか、そんな答えが返ってくるかもしれません。周囲から見れば悪い子でも、わが子にとっては本音を打ち明けられる唯一の友だちという可能性だってあるんです。

子どもが「自分にとってはいい友だち」と言うのであれば、信頼して見守りましょう。そのときに、「一緒に悪いことをしていないでしょうね？」などといった、**疑っていることを前提にした聞き方は厳禁**です。

親がその友だちを否定してつきあいを禁止してしまうと、子どもは行き場がなくなります。そして、その友だちに関する情報を、いっさい親に話さなくなってしまいます。そちらのほうが危険です。

親が友だちを認めていれば、たとえその子が悪い子だったとしても、子どものほうから「今度、2万円のものを一緒に買おうと言われているんだけど」などと、気になること、不安なことがあれば打ち明けてくれます。子どもが打ち明けてくれれば、「ちょっと待って。それは間違っている気がするから、一緒に考えよう」と話しあう機会も生まれます。

繰り返しますが、親として絶対にやってはいけないのは、**子どもの友だちを頭ごなしに否定すること**です。

そして、同じように、学校や塾の先生の悪口も、子どもの前では言ってはいけません。

Point

子どもの友だちの悪口は、絶対言わない！

心配なときこそ「怒る」のではなく「質問」する

気になることは普通に質問すれば、子どもは警戒せずに答えてくれます

頭ごなしに叱ると子どもは本当のことを話さなくなります

Q2

8歳の娘が非常に繊細です。強い心をもってほしいのですが……

娘は赤ん坊のころからよく言えば繊細、悪く言えば神経質な子どもでした。大きくなったいまもそれは変わらず、親戚や友だちのささいなひと言にひどく傷ついたり、怖がりで新しいことに挑戦するのにも時間がかかったりします。

半面、こまかい作業もていねいにやるので、図画工作などでは才能を発揮しています。このまま繊細さを活かせる教育を与えればいいのかと思いつつも、強い子になってほしい気持ちもあります。人並み以上に繊細な子どもをベストな形で伸ばす方法を教えてください。

A2
自然とふれあう体験をすることがオススメです

親から見れば、「子どもが繊細」というのは、少し心配なことかもしれません。

しかし「繊細」という性格には、お父さんお母さんもお気づきのとおり、プラス面とマイナス面がありますよね？

プラス面では、「ほかの人が気づかないこまかいことに気づく」「人の痛みがわかる」「デリケートである」といったことがあるでしょう。このような特徴がある子は持ち前の優しさと気遣いで、派手さはなくても確かな友人関係を築けます。

マイナス面をあげれば、「神経質」「傷つきやすい」「他人を気にして自己主張ができない」といったことがあるかもしれません。傷つきやすいあまり、なかなか他人に心が開けなくて、友だちができないということもあるでしょう。本当は、じっくりと友情を育むのに向いた性格なのに、繊細さが邪魔をして友だちができないのではかわいそうです。

繊細さのいい面が発揮されにくく、よくない面ばかり目立ってしまう。そうであれば、原因は「経験不足」という側面が大きいと思います。


私の生徒で、花まる学習会に年長から7年間在籍したT君という男の子がいました。まさに「よく言えば繊細、悪く言えば神経質」を地で行く、おとなしくて自己主張をしない子でした。

「大丈夫かなあ」と思っていたら、小学校に入学して1カ月でいじめの対象になり、お母さんからほぼ毎日、泣きながら電話やメールで相談されました。

お母さんと連日話していて気づいたのは、T君には友だちと遊ぶ経験や、1人で逆境を乗り越える経験など、同じ年ごろの子どもが通過している経験が少ないということでした。「Tはおとなしいから」「Tは傷つきやすいから」と、大人が先回りして、いろんなことから守っていたのです。

「T君には、変わるきっかけが必要かもしれませんね」

私はお母さんを説得し、T君をサマースクールに誘いました。

サマースクールでは2泊3日、子どもだけで過ごします。

空き時間、T君の班は「誰がいちばん走るのが速いか競争」をしていました。しかし、運動神経があまりよくないT君を見て、同じ班の子たちが口々に、「あいつどんくせ～」「走り方もなんか気持ち悪い……」と言い始めました。

そんなやりとりを私が見守っていると、普通に走ることに飽きた同じ班の誰かが「今度は後ろ向きで走ろうぜ！」と言いだし、まわりもそれに賛成しました。

すると、普通に走るのは遅いT君が、なぜかものすごい速さで後ろ向きに走ったのです。いじめのムードは一変して、「Tすげ～！　速い！」と、賞賛の嵐です。結局、後ろ向きに走ることに関しては、あとから参加してきた上級生よりも速かったT君。ついたあだ名は「チャンピオン」でした。

その後のサマースクールの期間中は、いままでは何ごとにも消極的だったT君とは別人でした。言葉遣いや歩き方も堂々としていて、サマースクールが終わってみんなとの別れ際も、チャンピオンのT君は大人気。お母さんもびっくりしていました。

大人が先回りして用意する環境では、T君は多分変わりませんでした。

子どもたちの世界に配慮はありません。それが時に無慈悲で残酷な場面をつくることがありますが、社会でも同じです。社会に出れば誰も配慮なんかしてくれません。

自分の道は自分で切り開くしかない。そしてこういうことは、**4～9歳の幼児期に体で覚えるしかない**と私は思います。

頭で「こうすればできる」と考えても、そのとおりにいくとは限りません。実際に子ども同士でもまれて、その中で傷ついたりしながらも自信をもてる経験をする。その経験の積み重ねが、「生きる力」を身につけることにつながります。

繊細さを尊重して、伸ばしてあげるのは素晴らしいことです。でも、繊細さがあまりよくない方向に発揮されていると思ったら、**「自分の力で解決するしかない環境」にあえて子どもを置くことで解決する**はずです。

Point

子どもを守りすぎていないか、親の態度を振り返ろう

Q3

子どもがアニメばかり見ています

7歳の娘と5歳の息子、気がつけばアニメばかり見ています。一度見始めると楽しいようで、何度怒っても聞かずに見つづけます。

特に男の子は「アニメおたく」になってしまわないか心配です。

このままアニメを見つづけてアニメのキャラクターに恋をするような大人になっても困るし、この際、「アニメ禁止」としてしまったほうがいいのでしょうか？

A3 「アニメ好き」と「アニメおたく」を混同しない

子どもがアニメを好きだと、お母さんはとっても心配されます。でも、意外とお父さんは心配しないんです。これはお父さん自身、子どものころにキン肉マンやガンダムにはまったことがあるからかもしれません。

私としても**「アニメ好きは心配の必要はない」**と考えています。

「アニメ好き」と「アニメおたく」の線引きは、なかなか難しいものがありますが、**子どもがアニメ好きなのは、ごく当たり前のこと**です。お母さんも、女の子が魔法を使ってアイドルになるようなアニメに憧れた経験はありませんか？　アニメのまねをして、友だち同士で遊んだこともあったのではないでしょうか？

だいたい、「アニメだから悪い」というのは大人の偏見です。

『ドラえもん』や『それいけ！　アンパンマン』、『サザエさん』もアニメですが、子どもによい影響を与えることはあっても、悪い影響があるとは思えません。

問題なのは、無制限にダラダラとテレビを見てしまうこと。

見始めてから「テレビを見るのをやめなさい！」と怒鳴っても、それは聞きません。4～9歳の子どもは、**夢中になると大人の声は聞こえなくなる生き物**だからです。それに大人だって、楽しいことを中断して楽しくないことをやるのは強い意志が必要です。

見始めたものを叱るのではなく、**見る時間をきちんと決めておけばいい**だけです。

「アニメを見ていいのは1日30分だけね」とか、「アニメは1日2本だけ見てもいいよ」など、親の権限としてしっかり宣言しましょう。ただ、最近はテレビだけでなくパソコンでもアニメが見られますから、子どもが隠れて見ることのないようチェックしましょう。そして、きちんと約束させて、子どもに守らせることが大切です。

Point

アニメはルールを決めて見る

Q4

娘が父親を嫌っています

7歳の女の子の父親です。

仕事で毎日帰りが遅く、土日も出勤することが多かったり、休みだと疲れて寝ていたりして、娘とふれあう機会は少ないです。また、女の子は勝手が違ってどう声をかけていいのかわからず、2人で遊ぶということはめったにありません。

そのせいか、最近娘に嫌われているようです。

関わりが少ないのは自分でも認めるところなので、なつかれなくても仕方ないと思っています。でも嫌われると正直、心が折れます。せめて嫌わないでもらう方法はありませんか?

A4 9歳まではとにかく一緒に遊ぶ！ 10歳以降は見守る

父親が娘に対してどう振る舞うべきかは、9歳までの幼児期と、10歳以降の思春期では、まったく異なります。

この質問のような、9歳までの時期は**とにかく汗をかいて一緒に遊ぶ時間を増やすこと**です。多少嫌われているような気がしても、遠慮せずにどんどん向かっていくしかありません。

いまは娘さんとしても、ほとんど接したことのない、休みの日もいつも寝ているお父さんを「つまらない生き物」と認識しています。嫌っているというより、**自分にとってつまらない生き物だから、相手にしない**のです。ですから、お父さんのほうからどんどん遊びに誘い、子どもと共有する時間を増やすことです。そうして娘さんが「お父さんっておもしろいんだ」と思ってくれれば、自然とそばに寄ってきます。

「土日はどうしても疲れていて遊ぶなんてとっても無理だ」ということなら、可能なら、お父さんが働いている姿を見せるのもいいでしょう。こんなに頑張って働いているんだ、ということが伝われば、子どもは尊敬を感じてくれます。

反対にやらないほうがいいのは、「モノで釣る」ことです。「○○を買ってあげるから」などと言って誘ったりしていると、そのときだけ機嫌がよくなり、買ってあげないときは機嫌が悪くなる悪循環になります。

さらに、その買ってあげたモノがお母さんが子どもに我慢させているモノだったりすると、両親が一枚岩でなくなり、妻との関係まで悪化します。

おすすめの遊びはザリガニ釣り

遊び方としては、お休みの日に「今日は天気がいいね。どこの公園に行く?」と誘ってみましょう。

私のおすすめは**「ザリガニ釣り」**です。それというのも、ザリガニはいろんな公園のちょっとした水路や、川沿いなどに多く生息しています。えさがなくても糸をたらしていれば食いついてきたりしますし、素足で川に入って捕まえることも可能です。

なぜ「ザリガニ釣り」かというと、普段、お母さんと一緒に行く場所や遊びはある程度決まってしまっているので、お父さんは、それ以外の**「自分の知らない世界」を見せてくれる人になる**ことが重要だからです。

いきなりザリガニはハードルが高いなら、**一緒に運動するのもおすすめ**です。

私の場合は、娘とジョギングを一緒にしました。

私がトレーニングのために平日の朝に走り始めたので、「一緒に走る？」と誘ってみたのです。最初は拒否していましたが、途中から「一緒に走る」と言いだしました。

一緒に走っていると、結構会話ができるものです。「学校で何が楽しい？」とか、さりげなく話題を振ってみたりすると、「音楽」や「給食の時間」といった返事がありますので、そこから話を広げることができます。

向かいあうと相手の視線が気になって話しづらいときもありますが、ジョギングは同じ方向を向いているので、話がしやすいというのもあったようです。
このように、娘と一緒に遊んだり運動をしたりして、共有する時間を増やすようにしてください。

すでに思春期に入っている女の子であればお父さんと距離を置く「成長の過程」にいるだけかもしれません。また、本当に嫌われていたとしても、思春期にできることはそれほど多くありません。

思春期まっただなかの娘のことは、女の子ではなく女性として扱い、少し距離を置いて見守るくらいしかできないのです。

娘のことを大切に思っていて信頼している、というメッセージを、さりげなく伝えていくという態度に徹したほうがいいでしょう。

Point

一緒に運動する、一緒に外で遊ぶことで「お父さんはおもしろい」と思わせる

Q5

息子は運動が苦手です。どうすればいいですか？

うちの息子は運動が苦手です。そのせいか、体育も嫌いですし、体を動かすことも嫌いです。

幸い、体育以外の成績はいいので、苦手なことは無理にやらせなくてもいいかと思う半面、子どもなんだから外でのびのび体を動かす楽しさも経験したほうがいいんじゃないかという気もしています。どうすればいいんでしょうか？

A5

4〜9歳の幼児期に、運動が苦手なのは結構ツライ……

小学生のころは、運動の得意な子どもは人気者になりやすく、そうでない子どもは、いまひとつ人気がなかったりします。人気がないだけならまだしも、足が遅い、走り方がヘンなどとからかわれて、すごく傷つくことも多いのです。

親は、「勉強が得意なんだから、少しくらい運動ができなくてもいいだろう」と思うかもしれませんが、**子どもにとっては軽く割り切れる問題ではありません**。運動ができない子どもにとって、9歳までの幼児期は少しつらい時代なのです。

とはいえ、親としては、あまりにも運動ができない子どもを見ると「どんなスポーツをやってもダメだろう」と思いがちですが、あきらめることはありません。

どんなに運動が苦手な子どもでも、**努力すればそれなりに成果があがるスポーツ**があります。それはマラソンや武道などです。

私は陸上部だったのでよくわかるのですが、短距離が得意な人と、マラソン、つまり長距離が得意な人は、必ずしも一致しません。

短距離はセンスが左右するところが大きく、センスとはすなわち瞬発力や敏捷性のことで、努力だけではあまり伸びないものです。

いっぽう、長距離は、必要とされるのはセンスではなく、持久力や筋力であり、それらは努力で伸びることが大きいのです。長距離は練習をした分だけ、速くなっていく競技といえます。

また武道も、センスよりは反復練習によって向上していく要素が大きく、球技などにくらべると、努力が結果に反映されやすい種目です。

子どもが、「自分は運動はできない」と思いこんでいると、体育の授業も憂うつでしょうし、運動もどんどん嫌いになる可能性が高いでしょう。

しかし、たった1つでも本人の努力によって得意になったものがあれば、また受け止め方が違ってきます。

「短距離は苦手だけど、長距離は得意」

「サッカーや野球は向いていないけど、柔道は割と強い」

など、子ども自身が自分の能力に自信をもてれば、スポーツを好きになります。子どもの興味や適性を見抜いて、親がきっかけを与えてあげることが大切です。

Point

運動ができないと親が決めつけない

Q6

子どもがなんでもすぐにあきらめます。我慢強くする方法はないですか？

5歳の娘ですが、あきらめが早いように思います。5歳だからこんなものか、と思う半面、保育園のほかの子とくらべても、とにかく我慢が続きません。遊んでいるときもちょっと使い方がわからない道具だと、すぐに癇癪を起こして投げ捨ててしまいますし、お友だちと遊んでいて気に入らないことがあるとすぐに泣いて自分の要求を通そうとします。

正直なところ、ほかのお母さんや保育士の先生の手前恥ずかしい、という気持ちもあり、どのようにしつけたらいいか悩みます。

A6

我慢を教えるのは4~9歳の幼児期がベスト

あきらめが早く、我慢が足りないかもしれない。そう感じたらすぐにでも、我慢する訓練を始めることをおすすめします。

なぜなら、大人になって社会に出れば我慢することだらけですし、そういった、**社会で生き抜くための基礎力は、幼児期に身につけておくに越したことはない**からです。

大人になったら我慢が必要というのは、お父さん、お母さんならよくご存知ですよね。我慢できない大人は、すぐに会社を辞めたりして社会に適合できません。

つまり、「生きる力のない大人」になってしまうわけです。

自分の子どもにそうなってほしくないのであれば、我慢させることも必要です。

我慢のひとつの形として、私は、前の項でも登場しましたが、**剣道や柔道などの武道を子どもに習わせるのもいい**と思っています。

武道は「礼に始まり、礼に終わる」スポーツです。挨拶や上下関係などの礼儀にすごく明確な基準があり、人との接し方を学ぶという意味では最適です。

また、胴着や防具などを大切にする心も育ちます。

剣道などは防具などを共用する場合もあります。これが非常に臭かったり汚かったりすることもあるのですが、「臭いから」「不潔だからつけたくない」という言い訳はできません。つまり、ここからも我慢が学べるのです。

最近の子どもたちはにおいや不潔さに過敏に反応しますが、武道をやっている子どもは比較的平気な傾向にあります。

また、**子どもが大人の強さを知ることができる**という点からも、幼児期に武道を通して我慢を学ぶことはよいことです。

お父さんが同じ武道の経験者であればいちばんいいのですが、そうでなくても、武道によって「大人にはかなわない」と知ることは重要です。

4歳～9歳の幼児期の子どもは「領域を広げる生き物」です。親をはじめとする周囲の大人が甘やかすことで無制限に自分の領域を広げてしまい、「自分は人と違って特別だ」「自分はなんでもできる」と自分を過大評価してしまうのです。

この誤った万能感を強制するのは、思春期に入ってからでは一苦労です。**なんでも素直に吸収する4歳～9歳までの幼児期が軌道修正の時期としてもうってつけ**なのです。

Point

我慢とともに大人の強さも学べる「武道」はしつけにおすすめ

Q7

妻が子どもをダラダラ長く叱ります

私はつね日ごろ「こまかい」「神経質」と妻から注意を受けています。この疑問もこまかすぎるのかもしれませんが、どうしても心配なことがあります。

それは「妻の叱り方」です。妻は6歳の息子に対して、長くダラダラ叱るのです。まずは「何やってるの！」と大声で息子の動きを止め、それから平均して15分前後、長ければ30分以上、くどくど叱ります。当然、息子は叱られている最中にもぞもぞ動いたりして妻の怒りを増幅。最初と最後で叱る内容が違ったりします。

最近では、息子がおびえて母親の顔色をうかがっている気もします。大丈夫でしょうか？

A7

大丈夫ではありません！「ダラダラ叱り」は意味のない叱り方です

普段は「こまかい」と叱られているようですが、このお父さんの不安は的中しています。**子どもは絶対に、長くダラダラ叱ってはいけません。**

長く叱っていると、子どもは何が原因で叱られているのか、わからなくなります。そして「よくわからないけど、お母さんが怒っているみたいだ」「よくわからないけど怒るから、お母さんの怒らないことをしよう」という態度をとってしまいがちで、これは子どもの自由な成長をいちじるしく阻害します。

そもそも、子どもの叱り方は、概してお父さんのほうが上手です。

叱り方のコツは、「厳しく・短く・後を引かず」なのですが、お母さんの場合、「いつまでも長く叱ってしまう」「何日もぐずぐずと怒っている」ということが多々あります。これはもう、お母さんが感情的になってしまっているのです。子どもを感情的に叱ったところで、お互い得るものはありません。お母さんはフラストレーションを一時的には発散できるでしょうが、叱られた原因がよくわかっていない子どもは同じことを何度も繰り返すでしょう。

そうは言っても「やんちゃ盛りの6歳の子どもがいたら心を平静に保つなんてできません！」と言うお母さんが大半でしょう。そんなときは子どもをわが子だと思わないことです。**「手のかかる＝伸びしろが大きい部下」だと思って、冷静に諭してあげてください。**

厳しく叱ったら、スパッと終えて、すぐに切り替えることが大切で、これはお父さんがうまいと書きました。しかし、そのお父さんにもよくない点があります。

それは、**子どもに嫌われるのがイヤで叱るのをお母さん任せにする**ことです。これはお父さんがしてはいけないことナンバーワンです。

子どもがやってはいけないことは夫婦で相談して決めておいて、そのやってはいけないことを見かけたら、父母関係なく、見かけたほうが叱ります。**「お母さんに叱られるぞ」**というような言い方もいけません。きちんと父の威厳、母の威厳を見せて「こら！　そんなことしたらダメ！」ときっぱり叱りましょう。

また、どちらかが叱ったらもう一方がフォローするなど、子どもの逃げ場をつくってあげることも大切です。いつもお母さんが叱る役、お父さんが甘やかす役ではなく、どちらかが叱ったらどちらかがフォローするという役割分担をしっかりしておきます。

両親から同時に叱られると、子どもは追い詰められてしまいます。逃げ場があることで自分の心に向きあい、折りあいをつけることができ、ここからまた頑張ろうと思えるのです。

Point

叱るときは「厳しく・短く・後を引かず」。両親が同時に叱らない

叱るときは、厳しく・短く・後を引かず

はっきりと、ポイントを押さえて、短く叱れば、素直に言うことを聞きます

長く、ダラダラ叱ると、子どもは何が悪かったのかわからず、ウンザリするだけです

Q8

休みの日に旦那がゴロゴロしています。子どもに悪影響はありませんか？

6歳の息子と4歳の娘がいます。

毎日なるべく外で体を動かして遊ばせているのですが、父親が休みの日には寝てばかりいるので、子どももまねをしてゴロゴロします。

いまはゴロゴロしている父親にじゃれついたり、飽きてきたら子ども同士で外で遊んだりしていますが、そのうち父親のまねがエスカレートして、1日じゅうゴロゴロして過ごすようになるのではないかと心配です。

父親のだらしない姿を見せることによって、子どもに何か悪影響が出ないでしょうか？

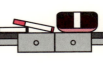

A8 たまには、ゴロゴロしたっていいんです

お父さんが家でゴロゴロしているのを見て、子どもがまねてゴロゴロする……。ありがちな風景ですね。

心配するのはわかりますが、これは**お母さんが思うほど影響を及ぼしません。**

たいていの家庭では、お父さんは外で働いていて、お休みの日しか家にいられません。そのときに多少ゴロゴロするのは、仕方ない部分があります。お父さんにも充電は必要です。

また、それをまねて子どもがゴロゴロするのは、父子のコミュニケーションの1つなのです。

このようなときに問題なのは、お母さんの気持ちのほうです。

お母さんがその光景を見てイライラするのは、お父さんに対する評価が低いからです。低い評価を下しているお父さんと子どもが同じ行動をとるのが許せない、という気持ちが働いてしまっているはずです。

そのような気持ちがないか、自分を見つめ直してください。**お父さんに対して、お母さんが低い評価しかしていない家庭は、それが子どもに伝わってしまいます**。そのことは子どもが成長するうえで、悪い影響しか与えません。

お父さんは、「今日はゴロゴロするよ」「一緒に昼寝するか」と言って、子どもと一緒にゴロゴロすればいいのです。毎週末同じ状態だったら少し問題ですが、親子揃ってのたまのゴロゴロは子どもとの大切なふれあいの時間です。

このようなときにお母さんは、子どもに対して、「お父さんは家でゴロゴロしているけど、外ではすごく働いて頑張っているんだよ」などと言って、お父さんに敬意を抱かせるようにしましょう。

お父さんとお母さんが尊敬しあっている家庭は、子どもの気持ちも安定します。

大切なのは、6時間も7時間もゴロゴロしないことです。

お父さんは疲れているでしょうがぐっとこらえて、長くても3〜4時間で一旦起きましょう。それで「お母さんを手伝うぞ」とか「ちょっと散歩するか」などと誘って、子どもと一緒にしばらく体を動かしましょう。

子どもと遊んだあと、お父さんは眠たければ1人でまた寝転がればいいのです。そのときは居間ではなく夫婦の寝室など、子どもの目に入らないところで眠ります。

メリハリをつけたほうが子どもとしても楽しいですし、奥さんとしても腹が立ちません。

Point

たまには子どもとゴロゴロしてもいいが、メリハリはつけよう

Q9

ひとり親家庭です。「両親の役割分担」ができません

30代のシングルマザーです。父親である男性とは完全に縁が切れており、子どもたちは父親の顔も覚えていません。

いろんな教育書を読んでも、学校の先生のお話を聞いていても、まだまだ「父・母・子」というユニットが基本なのだなあと思い知らされる毎日です。花まる学習会でも父の役割、母の役割を大切にしているようです。

ひとり親の家庭では、一般的な教育を与えるのは難しいということなのでしょうか？

A9

時に応じてお父さん役・お母さん役がいれば、子どもは立派に育ちます

「子ども1人を育てるのに、村1つ必要だ」

この言葉は、私を叱咤激励してくれる大切な人からいただいた言葉です。

この村には「1人の子ども」に対し、お父さんとお母さんが「たくさん」います。

- お料理を教えてくれるお母さん
- お化粧を教えてくれるお母さん
- つらいときに抱きしめてくれるお母さん
- 畑仕事を教えてくれるお父さん
- ちょっと危ない遊びを教えてくれるお父さん
- いけないことをしたときに本気で叱ってくれるお父さん

お父さん、お母さんは、「誰か1人」である必要はありません。何人いてもいいんです。多くのお父さん、お母さんに愛された子どもは、愛してくれたお父さんお母さんの数の分だけの優しさと生き方を学びます。

だから、ひとり親家庭だからと不安になることはありません。**その時々に応じて愛してくれる人がいれば、子どもはすくすく育ちます。**

おじいちゃんおばあちゃん、親戚のおじさんおばさん、学校や習いごとの先生、**子どもにたくさんのお父さん、お母さんをつくってあげましょう。**

Point

大事なのは両親が揃っていることではなく、多くの大人が関わり、愛情を注ぐこと

Q10

祖父母がいろんなものを買い与えます。やめてほしいのですが、どうすればいいでしょうか？

両方の祖父母が、子どもがほしがるままになんでも買い与えます。子どもがほしがっていないものでも、遊びにくるたびにおもちゃを買ってきてしまいます。私たち夫婦の方針としては「足るを知る」を学ばせたい気持ちもあって、むやみやたらにものを与えないようにしていますが、祖父母のおかげで台無しです。何度注意しても聞かず、最近はもう、遊びにきてほしくありません。でも子どもはなついているので、あまり強く言うこともできず……どうすればいいでしょうか？

A10

与え方のルールを決めたら絶対に破らない

いつごろからか「子ども1人に6個の財布がある」と言われるようになりました。その言葉どおり、最近の子どもは生まれたときから、両親からも両方の祖父母からもたくさんのおもちゃを買ってもらって育ちます。

そのため、本当にほしいものがわからない子どももたくさんいます。子どもに、「何かほしいものがある?」と聞いたら、「ない」と答える子どもが多いのです。

それに、おもちゃをはじめ、モノを大切にできない子も増えています。生まれたときからモノがあふれていて不自由さを感じたことがないため、価値がよくわからなくなっているのです。

そのまま大人になってしまったら、「ほしいものがあったら絶対手に入れたい。お金がなくても我慢できない」というような性格になることもありますから、過剰にモノを与えすぎるのも考えものです。

もちろん、**多くのご両親はそのことに気づいていて、買い与えるモノを制限しています。**「プレゼントをあげるのは誕生日とクリスマスだけ」とか「お小遣いを貯めて買うならいい」とか「ゲーム機は、うちでは買わないし、お小遣いでもダメ」とか、各家庭でいろんなルールがあると思います。

このようなルールが定めてある場合、必ず夫婦が一枚岩になって決めたことを守ってください。自分だけ子どもに好かれようとして約束を破るのは、子どものためにもなりませんし、夫婦のいさかいのもとです。

今回のケースのように、夫婦でしっかりとルールを決めていても、困るのは祖父母です。孫がかわいいので、無制限に買い与えてしまいがちです。とはいえ、「勝手に孫に買い与えないでください」とは言いづらいですし、言い方を間違えるとトラブルの原因にもなりえますから厄介です。

このような場合は、**父方の祖父母にはお父さんが、母方の祖父母にはお母さんが説明すると決めておくこと**が大事です。多いのが、奥さんだけが両方の祖父母に「やめてください」と言ってしまうこと。実の親である母方の祖父母は納得しても、夫の側の祖父母はおもしろくないと思ってしまいがちです。

そうならないために、父方の祖父母にはお父さん、母方の祖父母にはお母さんが「うちはこういうルールでやっているから」「子どものためにならないから」「じゃあ、次の誕生日に買ってあげて」などと毅然とした態度で言いましょう。

ただし、両方の家に徹底しておかないと、「あっちは買ってあげているのに、どうしてうちだけダメなんだ?」と言われてしまうので、必ず両方の祖父母に徹底します。

夫婦間に限らず、**子育てで決めたルールは関わる大人全員で徹底することが大切**です。

Point

子育てのルールは、子どもに関わる大人、全員で徹底する

Q11

子どもが「みんなもっている」とゲーム機をねだります。本当は与えたくないのですが……

子どもたちの間で人気のゲーム機があるようです。うちの子は夢中になるとそればかりやってしまって、ほかのことは何もできなくなる傾向にあります。ゲーム機は成長に絶対に必要なものではないですし、性格を考えても、できれば与えたくありません。

ところが「学校のみんながもっている」と子どもが強く訴え、妻が「みんながもっているものをもっていないのは、いじめの原因になるのでは？」と心配しています。いじめられるくらいなら与えるべきでしょうか？

A11 「みんながもっている」の「みんな」は誰か、きちんと説明させましょう

私は、基本的に、子どもにゲーム機を買い与えるのは反対です。一度買ってしまうと今度はソフトも買わなければなりませんし、ソフトも際限なくほしがってしまいます。

それから、**遊び方がいびつになります**。

子どもたちに話を聞いてみると、同じゲームをもっている子ども同士がグループをつくり、ゲームができる子、アイテムをたくさんもっている子がトップに君臨し、あとからそのグループに入った子どもは、下っぱ扱いになるようです。

つまり、**子どもたちの個性や実力ではなく、もっているモノの優劣で、いわゆるカーストができてしまう**。これはどう考えても不健全な友情です。だったら、もってい

ない子たちと遊ばせたほうが健全ではないでしょうか?

それに、ゲーム機を使った子どもたちの遊びを見たことがありますか? 数人が一緒に遊んでいるのに、みんなゲームに夢中で、会話がまったくありません。本人たちはそれでおもしろいのかもしれませんが、心の成長の役に立つとは思えません。

こういう現状をおわかりのお父さんお母さんがゲーム禁止と決めたとしても、子どもとしては友だちとゲームで遊びたい。親に買ってほしい。どうしても、そういう気持ちになります。そこで「クラスのみんながもっている」「ゲームをもっていないと仲間に入れない」などと言います。グラっと来てしまう気持ちはわかりますが、ピシッと却下しましょう。

「うちはうち。よそは関係ないから」とはっきり言えばいいのです。

それから、**「みんなって、誰と誰?」と、クラスの名簿をとりだして聞くのも有効です**。たいていは5~6人で、クラスの半分ももっていないはずです。それがわかったら、「みんなじゃないじゃないか」「もっていない子と遊べばいいでしょう」と説得します。

親の側に、それくらいの強さが必要です。

誤解のないよう補足しますが、私はすべての「ゲーム」が悪いとは思っていません。オセロや将棋のような**考えるゲーム**、トランプや人生ゲームなど、**コミュニケーションのあるゲームなら賛成**です。頭がフル回転していますし、相手との駆け引きや笑いがあるからです。ゲーム機の中でもテレビに出力して、みんなで体を動かして遊ぶタイプのものならまだ許容範囲であるとも思います。

そういったゲームではなく、ただ画面を眺めて、繰り返しプレイしてゲーム機の操作さえうまくできるようになればクリアしていけるゲームは、あたかも頭を使っているようですが、まったく使っていません。誰がやっても同じようにクリアするゲームは毒にしかならないのです。

Point

ゲームとは、ゲーム機の操作をするだけの遊びです
百害あって一利なし

Q12

子どもに学校の様子を聞いても「楽しかった！」以外言いません。どうすればいいですか？

6歳の息子がいます。入学して3カ月が経ち、学校になじめているかどうか親としては心配です。

でも「学校はどう？」「授業は楽しい？」「友だちはできた？」など、いろんな質問をしても「うん、楽しいよ！」「全部楽しかったよ！」以外のことをしゃべりません。

実はいじめられていて隠しているのでしょうか？　どうすれば、本心を素直に話してくれますか？

A12 「楽しかった！」はうまくいっているサイン

「学校、どうだった？」と聞いても、「楽しかった」としか答えず、「何が？」と聞いても、「全部」としか答えない子どもは多いです。特に男の子は、それが顕著です。でも、心配することはありません。これは健全な証拠です。

4～9歳の子どもは忘れやすい生きものです。だから、**本当に細部は忘れているのです**。また言語表現が未発達な幼児期の子どもにとっては、「説明するのが面倒」という側面もありますし、**「説明したくてもできない」という側面もあります。**

そういうときには親は、「心配しなくていいんだな。うまくいっているんだな」と思っていれば大丈夫です。

野外体験に参加した子どものお母さんに、「どうだったと聞いても『楽しかった』としか言わないので、様子がよくわかりません。お金がもったいない気がします」と言われたことがあります。でも、それは違います。

子ども自身は、数多くの貴重な体験をして成長して、それらを自分の中で消化しているのです。親にそれを言葉で伝えなかったからといって、「無駄」と決めるのはおかしいのです。

ただし、そのような無口な子どもについては、普段から、注意深く観察しておいてください。**「様子がおかしい」「いつもと態度が違う」というような印象を受けたら、それは何かあったのかもしれません。**子どもはうまく話せないかもしれませんから、担任の先生にそれとなく聞いてみたりするといいでしょう。

Point

「楽しかった！」は心配の必要はないが、日々の観察は必要

コラム

「ぼくはね、どんなときもお友だちが大好きだよ！」

前項で、子どもが「楽しかった」と言っているときは信じて大丈夫だとお話ししました。その例として、私が実際に体験したエピソードを紹介します。

年長さんの男の子Y君のお話です。Y君は体が小さく、性格も優しい子です。反対に、まわりの友だちはみんな活発な子どもばかり。Y君は戦いごっこをして遊ぶときはいつも怪獣役になり、鬼ごっこをしてもいつも鬼役ばかりでした。優しいだけに、損な役回りの子だな、と、私は見ていました。

ある日、公園で遊び道具を子どもだけで片づけている様子を、Y君のお母さんがたまたま見かけたそうです。そのときY君は一生懸命片づけをしていましたが、ほかの子はY君に指示を出しているだけ。みんなで遊んだ道具をY君がほとんど片づけました。それも笑顔で片づけたというのです。

その様子を見てお母さんの心配が爆発したそうです。お母さんはその日の夜、Y君を目の前に座らせて、

「あなた無理していない？　嫌なら嫌だと言えばいいんだよ。我慢しなくていいんだよ」とY君に伝えました。

するとY君くんはしばらく真剣な顔でお母さんの目を見ていましたが、笑顔になり「あのね、お母さん！　ぼくはね、どんなときもお友だちが大好きだよ！」と言いました。それを聞いて、お母さんは息子を力いっぱい抱きしめたそうです。

Y君のお母さんは、「1年間、Yのことを見守ります」とだけ言い、友だちの親に文句を言うつもりでしたがそれもやめ、「どんなときもお友だちが大好きだよ！」と言うわが子を、損な役回りばかりしているわが子をただ黙って見守りつづけました。

1年後、小学校1年生になったY君はクラスの人気者になっていました。

みんなが嫌がることを笑顔で進んでやり、困っている子に声をかけて助けてあげる。みんなに心から優しいY君はクラス全員が認める人気者で、学級委員にもなりました。

親としては子どもを見て、なんとかしてあげたいということがたくさんあります。わが子がつらい思いをしている姿を見るのは悲しい。それは親として当たり前の気持ちです。でも**親である自分の気持ち以上に大切なのは、子どもの気持ち**です。

4～9歳の幼児期の子どもは本当に困ったときやどうしようもないときは、助けてほしいとサインを出します。そのサインを出すまでは、子どもは自分の力で頑張っています。

「楽しい」「好き」「おもしろい」といった、わが子の発する短い言葉のポジティブさを、まずは信じてあげてください。

それがわが子の未来を明るく照らす光になることでしょう。

あとがき

最後まで読み進めていただき、ありがとうございます。まずは、お礼を述べさせてください。執筆の機会を与えてくれた弊社代表の高濱さん、執筆にあたり私の言葉を拾い集めて形にしてくれた同僚の松田さん、岩川さん、勝谷さん、執筆の時間を捻出するために頑張ってくれた野外体験部の仲間に心より感謝しております。

また、自身初の書籍ということもあり、納得が行くまで何度も書き直しをしたいとお願いしたことで当初の予定より遅滞し、本書を出版する日本実業出版社の山田聖子さん、川崎純子さんには大変なご迷惑をおかけしました。ここに改めてお詫びと感謝を申し上げます。

そして、いつも忙しい母の代わりに私を厳しく育ててくれた2人の姉にも「ありがとう」を伝えたいと思います。

幼いころ、私の両親は3人の子どものために働いていました。母の代わりはいつも2人の姉でした。

「寂しい」と言えない私は、母が帰ってくる時間が近づくと、大好物の梅干しを食べ、その種を食卓に並べていました。「もう1つ食べたら母は帰ってくる、あと1つ食べたら……」と。

家に帰ってきた母は、その梅干しの種を見て、コートも脱がないで私を無言で抱きしめてくれました。その瞬間に寂しいという気持ちはすっと消え、学校であった嫌なことも全部流れていき、なんとも言えない幸せな気持ちに包まれたことをいまでも覚えています。

最後に、みなさんに、「柿」というコラムをお届けします。母なくして、いまの私はありません。私にとって母は輝く太陽です。私だけでなく、すべての子どもにとっても母は輝く太陽だと思っています。母は子どもの命の中心です。その想いをこの本から感じていただけたら、こんなに嬉しいことはありません。

コラム

「柿」

「最近、身体の調子がよくないのよ……。だから顔を見せにおいで」

と母から電話があったのが1カ月前のこと。

心配になり何度か電話をして、少しずつよくなっていることがわかり、実家に行くのは年末にしようと決めて母にメールをしました。

母からメールの返信はひと言「わかったよ」でした。


次の日の早朝、母からの電話。

「田舎から柿が届いたから、とりにおいで!」

と明るい声。実家に行く時間が取れそうもないし、日もちするものでもないので、

「食べたいけどとりにいく時間がないから、食べていいよ」

と伝えると、

「そう……わかった……」

と寂しそうな母の声だけが耳に残りました。

その日は仕事があまりうまくいかずに気持ちが落ちこんでいました。

暗い気持ちのまま家に着くと、玄関のドアに見慣れない袋が2つかかっていました。

袋の中には大小たくさんの柿が入っていました。

そして手紙が1枚。

「あんたが食べたいって言っていたからもってきたよ。頑張ってね！

母より」

胸を締めつけられ、玄関の前で立ちつくしました。

そして、このたくさんの柿をもってきた母の姿を思い浮かべました。

身体の調子が悪いのに、ここまで歩いて柿をもってきた母の姿。

2、3個にすれば軽いのに、こんなにたくさんもってきた母の気持ち。

それは、母からの無言のメッセージ……。

昔から母はそうだった。

自分をいちばんに考えてくれた。

母が誇れる息子になろう、いやなりたい。

失敗してもうまくいかなくても、あきらめないで頑張ろう……その姿を母に見てほしい。そして喜んでほしい。ただそれだけ。


その夜、「柿、ありがとう」とメールを送ると、すぐに返事が戻ってきました。

たった1行の返信メール。

「食べすぎると便がつまるよ、いつもどおり頑張りなさいよ!」と。


母にとって私は、何歳になっても子どもなんだと苦笑いしました。

柿が入った重い袋を両手にもち、ゆっくりゆっくり歩く母の姿を思い浮かべるたびに、涙が止まらなくなります。

「おかん、いつもありがとう」

箕浦健治

箕浦健治（みのうら　けんじ）
1973年生まれ。18歳のときに野外体験のアルバイトを始め、2004年、野外体験の豊富な実績を買われ、花まる学習会に入社。入社２年目には花まる学習会野外体験部部長に任命され、現在に至るまで、延べ５万人を超える子どもたちの命を預かっている。子どもや父兄から「ファイヤー」の愛称で親しまれ、花まる学習会の日本一と名高い野外体験教育の基盤を築く。
野外体験では、自然の中で過ごす体験だけでなく、「親との連絡禁止」、「友達同士の参加禁止」という新しい切り口を設け、「ミニ社会」の経験を積ませることを重視。将来、社会に出てメシが食える人間を育てることに注力している。幼稚園・公立小学校・自治体からの講演依頼も多数。

高濱正伸（たかはま　まさのぶ）
1959年生まれ。花まる学習会代表。東京大学卒業後、予備校でアルバイトする中で、学力の伸び悩み、引きこもりなどの諸問題は、思考力と生きる力の不足が原因であり、幼児期の環境や体験に基づくと確信する。1993年に幼児〜小学生向けの学習教室「花まる学習会」を設立。幼児教育に必要なのは、さまざまな体験の蓄積だと提唱している。『本当に頭のいい子の育て方』（ダイヤモンド社）、『勉強が大好きになる花まる学習会の育て方』（かんき出版）など著書多数。

４歳《さい》〜９歳《さい》で生《い》きる基礎力《きそりょく》が決《き》まる！
花《はな》まる学習会式《がくしゅうかいしき》　１人《ひとり》でできる子《こ》の育《そだ》て方《かた》

2016年６月１日　初版発行
2017年８月10日　第３刷発行

著　者　箕浦健治
監修者　高濱正伸
発行者　吉田啓二

発行所　株式会社日本実業出版社　東京都新宿区市谷本村町３−29 〒162-0845
大阪市北区西天満６−８−１ 〒530-0047
編集部 ☎03-3268-5651
営業部 ☎03-3268-5161　振　替　00170-1-25349
http://www.njg.co.jp/

印刷／厚徳社　　製本／共栄社

ISBN 978-4-534-05390-9　Printed in JAPAN